食に生きる

栄養士活動
65年の軌跡

管理栄養士
本田 節子

人の一生は「食」に始まり「食」に終わります。
私の「食」の歩みから、
少しでもいろいろな問題をくみ取っていただき、
今後に生かしてもらえたら嬉しいと思います。
「はじめに」より

食物アレルギー調理講習会　母親は熱心に質問している（1991 年頃）

働く母と子どもの栄養のお話と会食、おしゃべり会（2000 年 11 月）

ライスバーガー（作り方 P.126 参照）

食物アレルギーの行事から　親子クリスマス会（2000 年頃）

食物アレルギー用おやつ
一口ピザ・キャロットケーキなど

卵・牛乳・大豆・小麦四大除去食　アレルギーの子どもの日のお祝い食

調理師に向けての食の講演会（2005 年頃）

食生活展での栄養相談（1990 年頃）

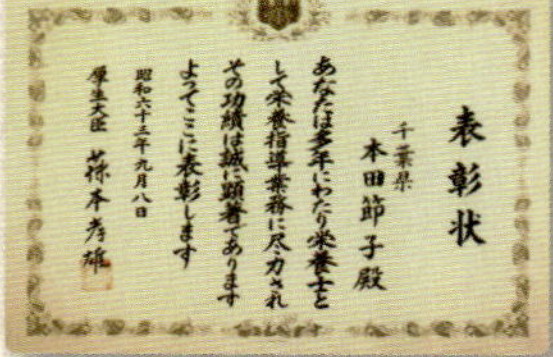
表彰状
千葉県
本田節子殿
あなたは多年にわたり栄養士として栄養指導業務に尽力されその功績は誠に顕著であります
よってここに表彰します
昭和六十三年九月八日
厚生大臣　藤本孝雄

厚生大臣賞受賞　長年にわたる栄養指導業務の功績により表彰される（1988 年 9 月 8 日）

扉の写真解説：著者の服装は戦火からのがれた母の和服やお宮参りの衣装をリニューアル。物を大切にする心が受け継がれる。

食に生きる

栄養士活動　六五年の軌跡

本田節子

本の泉社

「食に生きる」を奨めます

本田さんにお目にかかったのは、三〇年以上も前の事でしょうか。私は当時国立健康・栄養研究所において、基礎的な研究に従事していましたが、同時に国民の健康と食生活についても関心を深めていましたので、栄養士の方々や食料問題の研究者の方々と交流していました。そうした中で本田さんとご一緒する機会が増えていきました。熱心に栄養士としての活動に係わっておられる本田さんの生き方に共感を深めていきました。

本書において、本田さんの生い立ちから、栄養士の道に進まれる経過、そして栄養士としてのご活躍の様子を改めて知ることができました。戦前から、終戦直後の食生活は、現在では遠い過去のこととされているように思います。この時代のわが国の食生活を研究対象とする研究を見ることはほとんどありません。その点でも本書は極めて貴重なものと思います。本田さんの詳細な記述を拝見して、私たちは当時の食生活と今日の日本人の健康問題とのつながりを明らかにする必要性が感じられました。ヨーロッパにおいては、戦中・戦後の食生活と健康の関係から貴重な研究成果が得られています。

私にとってとくに本田さんとの関係を深める機会は、大麦の生理作用に関する研究でした。私は生理作用の強い食物繊維を含む大麦の健康影響をヒトで実際に証明したいと考えていましたので、本田さんに協力をお願いいたしました。ヒトでの研究はすでに2回ほど実施していましたが、さらに厳密な研究にしたいと考えていましたので、当時本田さんのおられた船橋二和《ふたわ》病院に通院中の方々にご協力を得ました。この結果は、ヨーロッパの臨床栄養関係の専門誌で発表することができました。この研究は本田さんの本文中に詳しく述べられています。現在は農林水産省の研究所との共同研究や、大麦の消費推進の活動に発展しており、まったく本田さんのご協力のお陰です。

本田さんが栄養士として地域で、病院で、栄養士会で人々の食生活をとおして健康問題に係われ、またその年数の長さにおいても希有のものです。また、その生き方では、常に問題に正面から取り組まれる探求心、多くの人々を活動の輪に引き込まれる積極性は、多くの人々に学んでいただきたいと思います。食に係わる専門家の方々にぜひご一読をお奨めいたします。

大妻女子大学名誉教授
国立健康・栄養研究所名誉所員
池上　幸江

はじめに

人の一生は「食」に始まり、「食」に終わります。生きるために大切な「食」は、その良し悪しによって人生が左右されるといっても過言ではないと思います。

この「食」に対する専門の職業人である栄養士が国に認められたのは、一九四五（昭和20）年です。教師や看護師などに比べると、まだ新しいことで、今日で六五年が経ちました。この新しい仕事を専門とし、無我夢中で精一杯生きてきた歩みを、「多くの後輩や世間の人にわかっていただこう」と、八三歳になるまでの「食」との関わりや「食」の歴史をつづりました。

一人の人間の生きた時代の中にこそ食の変化、歴史が存在しています。その上に立って考えてこそ、これからの発展もあると思います。明治、大正、昭和、平成という一世紀にわたる食の移り変わりを知っていただけたらと思います。どんな人も食べることによって生きていますが、「食」の大切さを一人ひとりが認識し、生きる「糧《かて》」にしていただけたら幸いです。

八一歳の一昨年、私は日本栄養士会の法人設立五〇周年記念で特別表彰を受彰いたしました。この受彰をきっかけに、栄養士及び管理栄養士の歩んだ歴史をまとめてみようという思いにかられました。というのも、今ほど「食」の問題を考えなくてはならない時代はないと思ったからです。私の「食」にかける一生は、まず母の食事に対する考え方に影響を受けたことから始まります。栄養士になってからは小学校給食での牛乳給食の実現に取り組み、その後病院給食での食物アレルギーや糖尿病などの栄養指導等に力を注ぎましたが、いつもその時々、ぶつかる「食」のあり方を多くの方々と共に、よりよい方法に向かって考え提案し、実践してきました。

また、戦時中日本で初めての陸軍栄養手という職業に就くために学んだことも、それからの自分の生き方を考えさせられるものでした。平和であればこそ、安心して食生活が送れるということを学んだからです。

私の「食」の歩みから、少しでもいろいろな問題をくみ取っていただき、今後に生かしてもらえたら嬉しいと思います。

本書の校正をしていた二〇一一年三月一一日、一〇〇〇年に一度といわれる東日本大震災と津波が発生し、福島第一原発の大事故も併発し、多くの犠牲者を出しました。全国からの支援者の中に被災者の栄養摂取状況の指導、援助に当たっている後輩の栄養士達の活動もあり心強いものを感じます。

一日も早い復興を心から願っています。

（なお、本書に出てくる個人の方々の役職は、執筆時のものです）

目次

第五章　私が力を注いだ活動の中から　111

第一章

母と娘の食育
百年

一　母の生き方に学ぶ

社会に出て働く女性が多くなったことは、喜ばしいことです。しかし、忙しさから毎日の家庭での食生活が手抜きにされていることはないでしょうか。特に、塾通いや部活動で忙しい子ども達の食事はバランスよく、きちんと摂れているでしょうか。人間がきちんと育つには、家庭での食のあり方も大切です。食事を通しての愛情や心遣いは、自然のうちに子どもに伝わっていくものです。毎日、毎食の食事は、家族のまとまりと、身体の健康の上で大切なものです。最近の子ども達の「食」の乱れを見て心配していましたら、日本の法律として、「食育基本法」が二〇〇四（平成16）年の第一五九国会に提出され、翌二〇〇五（平成17）年六月一〇日に成立しました。その内容を私は、自分が幼い時から家庭で母から教わったものと共通する点が多いことを感じました。

「食育」という言葉を調べてみると、明治時代に石塚左玄《さげん》が提唱したものでした。石塚左玄は、医師と薬剤師の資格を取得した後、陸軍で軍医、薬剤監として勤めました。その後、東京市ケ谷の自宅で「石塚食療所」を開き、食事指導によって患者の病気を治しました。ここには全国から患者が殺到したということです。栄養学がまだ学問として確立していない時代に食物と心身の関係を理論的にとらえ、医食同源としての食育を提唱し、「体育知育才育は即ち食育なり」

という考えを広く国民に普及するためいくつか本も出しています。石塚左玄の考えは今日の「食育基本法」の前文に生かされています。

福井県生まれの石塚左玄は、福井市から出されている資料によると、「郷に入りては郷に従う食養法を実行すべき」と強調しています。そして、左玄の弟子が左玄の訓えを伝えるために「身土不二《しんどふじ》」という言葉を用いたようです。自然と人間は一つのものであるという意味です。

また、「春は苦味、夏は酢の物、秋は辛味、冬は脂肪と合点して食え」と、旬の食物の大切さを説いています。つまり、その土地の季節の物を食べることが、最も健康的で、栄養も豊富で、自然であり、そこに住んでいる人に一番やさしい食になると説いたのです。

私の場合、食については一二歳で小学校を卒業するまでに、しっかりしつけられていました。毎食きちんと食べ、朝食を食べないということはありませんでした。私が父母をはじめ弟や妹など家族と暮らしていたのは、高等女学校に入学するまでです。それ以降は高等女学校のあった鹿児島市、食糧学校があった東京と、家から離れての生活でした。

私の母、静江は一九〇四（明治37）年六月五日、群馬の桐生で生まれました。当時、母の祖母の家は群馬県桐生町（現在は市）で機屋を営んでおり、新潟の方から女工さんがたくさん働きに来ていたとのことです。

食事を作るのが母の祖母の役割で、味噌汁、けんちん汁、のっぺい汁、さつま汁など、豆腐や野菜をたくさん入れた実の多い汁物を必ずつけ、魚は月三回から四回くらいは出し、家族と差別することなく「腹一杯食べてくれるように」と気を配っていたそうです。母の母親は体が弱く、母が六歳の時に亡くなったので、母は祖母の機屋によく遊びに行っていました。母の祖母は母の好物であるかぼちゃをよく持たせてくれたそうです。

母は女学校まで桐生や高崎で過ごし、大正末期に勉強のため東京へ出て、大妻技芸学校で洋裁・和裁を学んだ後に、家政学を学びたくて、東京家政学院専門学校（現 東京家政学院大学）に入学しました。家政学院専門学校は創設されたばかりで、母は第一回生、一九二六（大正15）年四月一二日家政専修部に入学しました。

家政学院の創設者、大江スミ先生のことをよく話してくれました。先生は一九〇五（明治38）年文部省の命により、家政学の視察でイギリスに留学した方です。先生の教えを死ぬまでよく覚えていて、折に触れては語ってくれました。

栄養学の授業では、これからは栄養学

家政学院当時の母と友人（1926年）後列真ん中が母

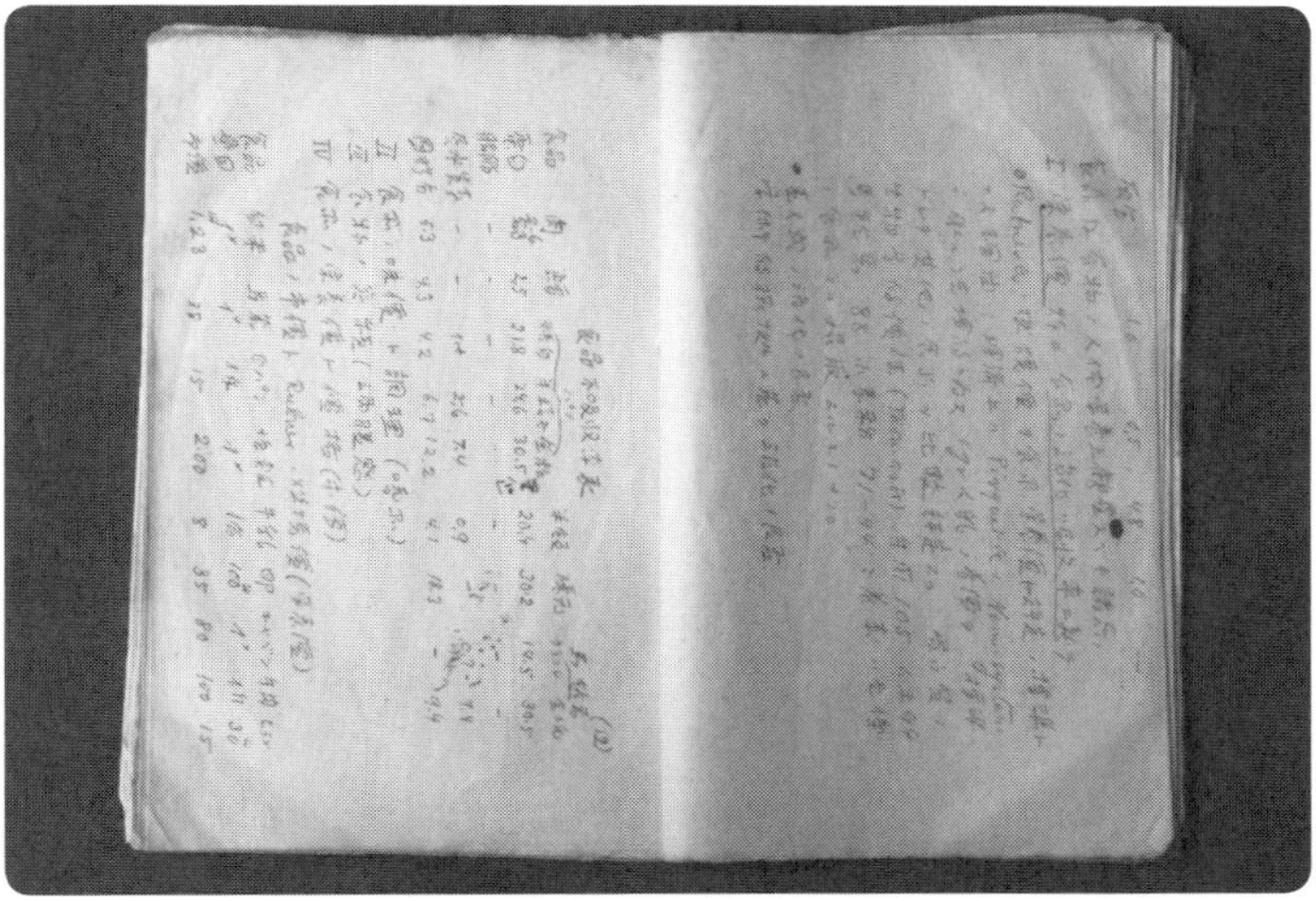

85年前に母が綴った栄養学の講義録は、今も私の宝物である。

が大切であること、肉を食べる時はその三倍の野菜を摂ること、朝のリンゴは金である、またお腹の悪い時はおろしリンゴにするとよい、というようなことを聞いて育ちました。母は食事の味付けは全体に薄味になるように常に心がけていました。

また大江先生は、「貴女方の父母は貴女方が面倒をみるが、貴女方は年をとっても子ども達にみてもらうのではなく、一人で生きなさい」と教えられたということです。母はその教えを守り、食生活に注意して、老後をしっかり一人で暮らしました。

母は家政学院専門学校での講義をすべて記録し、家に帰ってからそれを美濃紙（和紙）にペンで清書し、こよりで綴じ冊子にしていました。母の書いたこの冊子が私の学生時代にはよい参考書になりました。八五年経った今日でも手元にあり、私を励ましてくれます。保存のできる野菜として人参・玉葱・じゃがいも・キャベツはいつもありました。そのほか緑の野菜として、小松菜・ほうれん草がありました。ほうれん草に関しては、赤い根のところに栄養がたくさんあるといって捨てずに使っていました。忙しい時も、これらの野菜と肉を使って野菜炒めや八宝菜、酢豚をよく作ってくれました。干し椎茸、切り干し大根、魚、煮干しなどの小魚、豆腐、卵、海草（海苔・わかめ・昆布）など、その時々にいろいろな食品が使われていたことを記憶しています。毎日、一汁三菜を基本として、汁物は朝は味噌汁、夜はすまし汁または茶碗蒸しでした。一九三三、四（昭和8、9）年頃のこと、カレーは当時では珍しかったのですが、カレー粉と小麦粉をバターで炒めてルーを作っていました。すり鉢とすりこぎをよく使い、ごま和え、白和え、呉汁《ごじる》※1などもよく食卓に並びました。

　香料の会社に勤めていた父は家庭のことはすべて母に任せ、黙って見ていました。

　老後、父の死後も母はひとりで暮らし、終生自分の体質に合わせて、豚肉のしゃぶしゃぶ用かヒレ肉を一日三〇グラムと人参の千切り、卵、納豆、豆腐、魚、季節の緑黄色野菜や白菜などの淡色野菜を常備し、いろいろな料理に使っていたのには感心しました。みかんなど適量の季節の果物も忘れませんでした。若い時に学んだことを基礎にテレビや本で新しい知識を常に学び、毎日の食事の参考にしていました。

母から受け継いだものは何よりも生活に対する心だと思います。そのうちの一つが、食生活に対する姿勢です。明治生まれで凛としたものを内面に秘めながら、決して気張らず、たおやかな佇まいの人でした。終始、自主・自立・自尊を貫いた姿が脳裏に焼き付いています。

七〇歳まで仕事を続け、最晩年は、老人大学に通い、知性を磨くのに怠りなく、土に親しみ、花を愛し、「晴耕雨読」の生活を悠揚として楽しみました。母は一〇〇歳目前（満九九歳一〇カ月、肺炎）で亡くなりましたが、常に目標を持った生活をしていたのです。

離れていても、一緒に暮らしているような気持ちで生活してきました。何かにつけて「母ならどうしたでしょう」と、この世にいなくなった今も共に考えるような気持ちになります。

※1　呉汁……一晩水に浸した大豆をすりつぶして野菜と煮た味噌仕立ての汁物

母静江　80歳頃

二　飛行船のおむすびと茄子《なす》の油味噌

一九二九（昭和4）年当時、時々飛行船が飛んでいたことがあります。朝食が進まない時など私に、母が飛行船の形をしたおにぎりを作ってくれたものです。おにぎりには、甘味噌がつけてあり、「飛行船だよ、ぶうん、ぶうん」と目の前を飛ばす格好で私の口に持ってきて、楽しく食べたことを懐かしく思い出します。

当時の私の好物は、茄子の油味噌でした。作り方は簡単で、茄子を一口大に切り、フライパンに油を引き、茄子を炒め、砂糖と味噌で味を付けます。母に教えてもらい、初めて一人で作れるようになった料理です。私が五歳の頃のことです。

小学校の校長をしていた祖父も、日々の食生活に関心があり、新聞に「玄米が体に良い」と載っていたことから、突然、「わが家は玄米食にする」と宣言して玄米と圧力釜を買ってきたことがあります。一九三二（昭和7）年頃のことで、圧力釜は炊きあがるとピューと音がして、びっくりさせられました。当時の新聞には、その音の大きさゆえに屋根が吹っ飛んだというウソのような話も載っていたそうです。圧力釜は強火のあと火を弱めることが大事なのです。炊きたての玄米飯に、家で飼っていた鶏の産みたての卵の黄身をかけた時の

母と私　畑にて（1932 年頃）現・藤沢市

おいしさは、今でも忘れられません。玄米飯を食べたがらない私に、母が勧めてくれたものです。玄米食は、炊きあがりはおいしく食べられるのですが、冷めたらまずく、家族の不評もあり長続きしませんでした。それよりも七分づきの方がおいしく、胚芽米の精米機ができて以降、わが家は胚芽米になりました。

小学校時代は好き嫌いが多い子どもでした。お弁当のおかずで好きなものは、母が作ったなまり節の生姜煮や牛肉の大和煮でした。その頃母は、横浜のガス局で中華料理の講座の助手をしていて、日曜日にはわが家で中華そばやシュウマイ作りに腕をふるいました。麺台、麺棒など道具一式があり、母と一緒に麺を伸ばしたりして、家族一緒に作った昼食のおいしかったことが楽しい思い出です。小学校六年生の頃、父の仕事である香料植物研究のため、一家で霜の降りない土地、鹿児島県西南端に転居しました。ここでは、当時としては珍しいピーマン、オクラを栽培して食べていました。正月用として、トマトを一二月頃に栽培することもできました。海が目の前にあり、魚が多く獲れた時は、港の市場で鐘が鳴り、籠を持って買いに行きます。キビナゴ、カマス、ブリ、カツオなど、獲れたての魚はとてもおいしく、魚が嫌いだった私もよく食べました。

魚のおろし方やかつお節の作り方は、母が地元の人に教わり、それを当時女学校の寄宿舎にいた私もたまの休みに帰宅した時に教わりました。当時のおやつは、黒砂糖の蒸しパンが多く、鹿児島ならではのものでした。

三　食と戦争

戦争の中での進学

私が鹿児島高等女学校の二年生の時、真珠湾攻撃が勃発しました。一九四一（昭和16）年一二月八日、授業中に重大発表があるからとスピーカーの前に集められ、日本が真珠湾を攻撃したと知りました。さらに、この真珠湾攻撃には鹿児島出身の横山少佐という人も参加していたことが報じられました。いよいよ戦争になるんだなと緊張しました。この放送があってから、勉強にもより一層身を入れるようになりました。一九四三（昭和18）年一〇月には、兵員不足を補充するため、「在学徴集延期臨時特例」「教育に関する戦時非常措置方策」などが発令され、理工科系、教員養成系以外の学生は徴兵猶予の対象から除かれ、翌一九四四（昭和19）年一〇月からは徴兵年齢が一九歳に引き下げられ、約一三万人の学生が兵営に送り込まれました。「学徒出陣」「学徒動員」が行われた時代です。高等女学校も五年制が四年制になったため、私も一年繰り上げて四年で卒業することになりました。

母は、好き嫌いの多かった私が何でも食べ、栄養がきちんと摂れるようにと、いつも食事を工夫していました。幼い頃から母の「料理」に対する旺盛な好奇心を見ているうち、いつしか私も「食」に関心を持つようになっていました。当時はまだ「食教育」とか「医食同源」という言葉は一般的ではありませんでしたが、母が実践していたのはそういうことだったと思います。卒業が近づき、進学について考えなくてはならない時が来た折、たまたま母が購読していた陸軍糧秣本廠《りょうまつほんしょう》[※1]の外郭団体の糧友会[※2]から発行されていた月刊誌『糧友』[※3]で、食糧学校（現東京栄養食糧専門学校）を知りました。私が「栄養士」になる動機付けは、母あったればこそです。その頃、婦人雑誌に連載された獅子文六の小説『おばあさん』に初めて「栄養士」が登場しました。皮肉にも私は、食料事情の悪い戦中、多くの人が栄養不足の時に、食糧学校に入学したのです。一九四四（昭和19）年のことでした。

　食糧学校は『糧友』誌上に紹介された後、新聞やラジオのニュースで取り上げられ、一九三九（昭和14）年四月の開校以来、毎年応募者が多かったようです。私が受験したのは一九四四（昭和19）年、応募者の中には高等女学校の卒業生だけでなく、女子大や専門学校卒業生、さらには戦争未亡人などもいました。合格者の年齢経歴は多種多様で、日本全国から集まっており、中には満鉄（南満州鉄道株式会社）から派遣された委託学生（男子）などもいました。クラスは軍隊方式の小隊、分隊に編成され、私は栄養科の六小隊で、そのほかに製パン科、缶詰科もありました。栄養科は八月から一〇月にかけて夏休みを返上して、校外実習をしていました。

※1　糧秣本廠……陸軍の兵士の食糧、軍馬の飼料を調達・製造・貯蔵・配送する軍事施設

※2　糧友会……陸軍糧秣廠の外郭団体、一般に対する啓蒙活動も行った

※3　糧友……月刊で糧友会から発行されていた食生活向上のための雑誌

『食糧学院五十年史』によると、後の東京栄養食糧専門学校校長・高木和男先生は食糧学校創立の事情などについて次のように述べられています。

「憶《おも》えば私は、この学校の前からこの学校の周辺で働いていたことになる。当時私は東京市衛生試験所にいたが、ここの栄養研究部長が藤巻良知先生で、有本邦太郎先生なども居られた。これらの両先生の所へ陸軍糧秣本廠の人が何かとヒントを得るために相談に来られた。その人が川島主計少佐で、後に本校の教授になった人である。こんな関係で糧秣本廠の傍系団体の糧友会の人たちもよく来られて、機関紙『糧友』に我々仲間からも度々投稿した。当時国民学校栄養指導の第一課で活躍した栄養士たちは、佐伯博士の栄養学校（大正十四年創立）で養成された人だけだった。しかし日支

事変が始まって病軍人が続々と内地に送還され、軍病院も増設されるにつれて、長期の食事療法を必要とする慢性患者も激増した。ところが陸軍病院の調理員では手に負えず、一方、農村の食生活も至急改善を要する様相だったので、多年国民の食生活指導をうたってきた糧友会としては、自分の手で栄養士を養成しようと決意した。これに加えて、軍が必要とする缶詰技術者と、やはり軍糧として必要なパンのための製パン技術者の養成をも企てたのだった」

高木先生には私も食糧学校時代に調理科学を教えていただきました。尊敬している先生の一人です。

食糧学校で教えていただいた主な講師の先生は次の方々です（敬称略）。

有本邦太郎（栄養学）・上前太三郎（小児栄養学）・大森憲太（食事療法理論）・木村金太郎（細菌学）・南崎雄七（生理衛生学）・原実（食品化学）・藤巻良知（栄養学）・川島四郎（調理科学）・野川幌吉（炊事設備）・芦沢千代（病人食）・秋穂英太郎（日本料理）・鈴木文助（食物概論）・北川敬造（西洋料理）・山田政平（中華料理）・阿久津正蔵（製パン理論）など、当時の一流の先生方ばかりです。

実習では、富山県の不二越鋼材株式会社に行って団体炊事（現在でいう集団給食のこと）を行いました。献立作成・調理・盛り付けをきめ細かく教わっただけでなく、将来指導者になった時には必要になるということで、私たちが寝泊まりに使っていた布団の上げ下ろし、たたみ方、しまい方まで指導されました。私たち実習生二名が寮生約二〇名を担当しました。寮生の主食は玄米でした。夕食は毎回一緒に食べました。汁と主食（玄米）と副食で、主食の玄米は口に入れて「三〇回噛み、飲み込む」ということをみんなでやりました。食べたものの吸収をみるために、排便状況を毎日一回、一週間観察しました。玄米食の咀嚼についても、一口三〇回噛むことの大切さが、排泄状況を見てわかりました。消化と吸収も私たち栄養学生の研究テーマでしたので、受け持った寮生の吸収と排便についてのまとめを発表しました。当時の私たち学生にとっては新鮮な取り組みでした。団体炊事で調理すること、平釜で天ぷらを作ることなど、この短い期間の実習で、栄養士としてあらゆることに一生懸命に取り組み、自信が少しずつ付いてきました。

学校でも集団給食の実習を兼ねて、栄養科のクラスの学生が毎日交替で全校生の昼食を調理しました。午前中は授業、午後はほとんど毎日のように和・洋・中の調理実習、病人食の実習、食品加工などが授業として組まれていました。各班とも毎日その日の昼食の味加減や献立内容、調理法、栄養などについて話し合いました。食糧難の時代、自己研究課題として、さつまいも

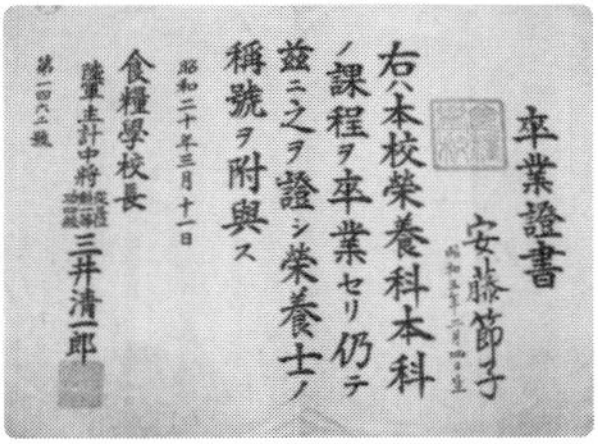

卒業證書

安藤節子

右ハ本校榮養科本科ノ課程ヲ卒業セリ仍テ茲ニ之ヲ證シ榮養士ノ稱號ヲ附與ス

昭和二十年三月十一日

食糧學校長

陸軍主計中將　三井清一郎

第一四八二號

（上）不二越鋼材（株）富山工場での共同炊事実習隊（1944 年）後ろから2列目右から４人目が私　（下）食糧学校卒業証書

のつる、ザリガニ、カタツムリなども、おいしく食べられるような調理法を研究しました。ザリガニやカタツムリは自分たちで捕ってきたものを使いました。

炊飯実習のない日の昼の主食には、興亜パンが配給されました。興亜パンは、丸本学監（陸軍少将）の発案によるもので、パンの生地の中に大豆粉や魚粉、人参、ほうれん草などを練り込んで焼いた栄養豊富なパンで、なかなか美味でした。この製造はパン科の分担であり、和気仲二先生のご指導のもと連日大量に製造され、時たま学生もパン一個一〇銭で分けてもらうことができました。世間ではすっかりパンの姿が消えていた頃の話です。戦争は日増しに激化していきました。和気仲二先生も一九四五（昭和20）年三月一〇日の東京大空襲の際、糧秣本廠のあった越中島で焼夷弾により亡くなられました。残念で、学生たちは悲しみに沈んでいました。

陸軍栄養手と終戦

食糧学校では一九四五（昭和20）年一月から六月にかけて陸軍栄養手[※1]候補生養成のため、全寮制の陸軍糧秣本廠の養成施設で授業を受けました。場所は、千葉県北小金の陸軍糧秣本廠が接収していた広池学園の校舎でした。

陸軍栄養手養成は在校生の中から一五〇名を募集し、七五名ずつ二班に分けられました。先発隊が北小金（現・松戸市）、後発隊は長野県佐久で教育が行われ、私は先発隊でした。

陸軍栄養手候補生として入隊した最初の授業で、教官（主計大尉）から私たち陸軍栄養手についで説明がありました。「貴女方は『陸亜密《りくあみ》』に属している。『陸』とは陸軍、『亜』とは大東亜戦争、『密』とは秘密の意味です。しっかり学んでお国のためによい仕事をしてください」と言われました。初めて聞く言葉「陸・亜・密」でした。しっかり頑張らねばという気持ちで一杯になりました。（終戦後には戦争に協力したことなどの心の痛みがあり、この時のことは心の奥深くしまい込んでいました。）

食糧学校の二年目に相応しい高度な学習内容で、科目は栄養学、食品学、食物加工、調理科学、調理理論、調理実習、集団給食、献立作成など多岐にわたり、教師は専門の軍人や軍属が務めていました。午前六時、起床。七時、見習士官による点呼、軍人勅諭奉唱の後、朝食。午前八時～午後七時まで授業。その後も九時就寝まで予習復習をしていました。当時流行の言葉であった、文字通りの月月火水木金金の猛勉強でした。しかし、全寮制の共同生活は結構楽しいものでした。ある若い見習士官は朝の点呼の時、「春や春、福寿草の芽も云々」と季節や花を取り入れた訓話を語り、文学青年を思わせる豊かな感性に乙女たちはほのかな憧れを込めて「福寿草の君」と名付けました。緊迫した非常時のさなかにも爽やかで甘酸っぱい青春の一瞬がそこにありました。お別れの時、教育隊長の物静かな田村大佐からは「折にふれ　思いいだ

せよ　小金なる　かたき睦みに　明けしその日を」の歌をいただき、緊張の中に充実した日々でした。

三カ月間の特訓を受け、一人ひとりが指導力をつけ、即戦力として独り立ちし、一九四五（昭和20）年三月、卒業後に陸軍病院はじめ陸軍関係学校、さらには遠く満州など希望の地域に配属されました。私は大分少年飛行兵学校に配属されました。この時、一七歳でした。全国から徴用されてきていた調理師さんに食材料の切り方などを教えてもらうこともありました。鶏の解体は、後に生活改良普及員になった時に役立ちました。

少年飛行兵学校の食数は、生徒及び教官で一〇〇〇食余り。人数が多いだけに、回転釜など扱う器具が非常に大きく、楽ではありませんでしたが、毎日三回、大人数の食事作りに挑戦した経験は、その後学校給食に従事した時、とても役に立ちました。

六月頃になると、栄養科にも「沖縄に明日出発します」と見習士官が挨拶に来ました。挨拶の言葉を聞きながら、今生の別れになるのではないかと大変悲しい思いでした。栄養科の仕事の合間に、運動場で竹やりやなぎなたの稽古もしました。決死の気持ちと仕事を頑張ろうという気持ちがみなぎっていた日々でした。

八月一五日、重大な放送があるとのことで、全員校庭に集合させられ、天皇陛下の放送を全員直立不動の姿勢で聞きました。終戦の報告でした。

戦争に負けたという悲しい気持ちと、「全員これからどうなるのだろう」という不安。一方では「死なずにすんだ」という安堵感、さらに「ここから戦地に出ていった人は死なずにすんだのだろうか」という思い。アメリカ軍の上陸も心配でした。しかし、大分少年飛行兵学校は整然としていて、何の混乱もなく私たちは二カ月余りの残務整理を無事に終え、一〇月末にそれぞれ郷里に帰ることができました。

その一方で、広島陸軍病院に配属された友人は原爆で亡くなりました。鹿児島の女学校の学友は、数多くが防空壕で死亡したという話も聞きました。終戦により陸軍糧秣廠は解散、わずか六カ月で陸軍栄養手の仕事は終わり、親のいる鹿児島県に帰り、一九四六（昭和21）年まで地域の栄養指導や調理の指導をしました。

当時の戦争のひどさを、『食糧学院五十年史』の記録から少し抜粋して紹介しておきます。

一九四二（昭和17）年までは持ちこたえていた南太平洋の占領地域も、一九四三（昭和18）年二月一日の日本軍のガダルカナル島撤退の頃から形勢が逆転し、制空権を奪われ、東京都民の上に空襲の恐怖が襲いかかってきました。

空襲は一九四二（昭和17）年四月一八日の航空母艦発進一六機の東京初空襲に始まって

以降、年ごとに激しさを増してきました。

一九四四（昭和19）年一二月には空襲一五回、一九四五（昭和20）年一月には来襲機数百機、死者五九〇名。二月には来襲機数七五一機、死者七五〇名、そして三月九日二二時三〇分から一〇日未明にかけて一三〇機のB29が東京上空を襲いました。B29から投下された、四万余発の焼夷弾は雨のように落下して、家々を焼きつくしました。わずか二時間半足らずの空襲で、東京の四〇パーセントが焼かれ、死者八万九〇〇〇人に及びました。

その後、米軍の空襲は名古屋、大阪、神戸を次々と焼き払い、四月一三日、一五日は再び東京及び京浜地区を空襲。五月に入って一四日、一七日と名古屋を全滅させ、最後に再び東京の焼け残りの町に襲いかかりました。五月二四日未明、米軍機一五〇機が大森、品川、渋谷、世田谷、杉並方面に二時間にわたって七万六〇〇〇余発の焼夷弾を投下し、この一帯が焼き払われました。

※1　栄養手……栄養士は当時は栄養手と呼ばれていた。

飢えの時代

飢えで一番厳しかったのは、終戦後でした。街は焼け野原と化し、食糧の配給も遅配、欠配の連続でした。一九四六（昭和21）年頃には最高で遅配二八日ということもありました。遅配による食糧難から、ヤミ屋やヤミ市が横行しました。人々はリュックを背に、食物を求めて農村へ買い出しに出かけました。そのため、乗り物は殺人的な混雑状態でした。生活物資の不足に伴う物価高がインフレを招きました。敗戦から復興に向けてのインフレや食糧難に対処するため、新円の切り替え、預金封鎖、出金の制限等により、個人や法人が銀行に預けていた現金が突然封鎖されるということも起きました。

食糧の買い出しは着物などとの物々交換なので、竹の子の皮を剥ぐようだと、「竹の子生活」といわれました。東京中がそんな飢餓状態のさなか、当時の安井誠一郎知事をなじって「安い米を精一杯食わせろ!!」という落書きがありました。空腹を瞬間忘れさせるユーモアでした。

農村で暮らしていても、にわか百姓の私たちは都会と同じような生活でした。配給のでんぷんカスは腐ったような匂いで、団子にして鼻をつまんで食べていました。

一九四六（昭和21）年五月、「米よこせ」のデモが起こりました。飢えは言葉で言い尽くせないひどさで、都会でも農村でも人の心は荒れていました。正規のルートでは手に入らないお米も、ヤミならいくらでも買えました。法律違反を承知で、生きていくためにほとんどの人がヤミ米に手を出し、生命をつないだのです。山口判事が裁判官という立場上ヤミ米を買うことを拒否し続け、ついに「餓死した」という報道もありました。今でもこの法律の「空しさ」を感じます。食べ物の恨みから「歌舞伎役者の片岡仁左衛門一家五人が同居人に殺害された」という一九四六（昭和21）年三月の新聞記事が記憶に残っています。飢えは人の心を荒廃させていくのです。

四　栄養士免許取得のいきさつ

終戦の四カ月前の、一九四五（昭和20）年四月一三日、栄養規則及び私立栄養士養成所指定規則が交付され、即日施行されました。しかしながら当時私は、陸軍栄養手として大分少年飛行兵学校に採用・配属になったばかりで、厚生省（現 厚生労働省、以下同）のこの発令は知りませんでした。知ったのは終戦から一年余り経った頃です。軍属として同じ大分少年飛行兵学校で栄養手をしていた同期の蔵重正子さんよりお聞きしました。

蔵重さんは、お父様が大分県立農事試験場から千葉県の[※1]三里塚御料牧場に転勤されていました。その約一年後に私も家族と、鹿児島から千葉県印旛《いんば》郡久住《くずみ》村椎《しい》の木に移り住みました。その旨を連絡したら、蔵重さんのお父様が白馬で訪ねてこられました。今度は私がバスで二時間かけ（直線距離は短いのですが交通が不便なため）訪ねました。その時、千葉県庁に栄養士の申請をして免許をもらうようにと助言してくださったのです。早速、千葉県の衛生部栄養課に行って手続き方法を聞き、書類を整え申請しました。

一九四七（昭和22）年七月一五日付、「第七四号千葉県知事」として栄養士免許証が交付されました。

※1　三里塚御料牧場……千葉県成田市に一九六九（昭和44）年八月一八日まで存在した内務省管轄の皇室の牧場の名称

五　新制中学校の教師時代と作物供出の苦しさ

一九四七（昭和22）年に新制中学が発足したのに伴い、千葉県印旛郡久住村立久住中学校の助教諭として勤務しました。鹿児島から千葉の久住村に転居したのは、一九四六（昭和21）年の暮れでした。

一九四七（昭和22）年には教育基本法ができ、同年四月から新制中学が開校になりました。教師になりたいという希望を持っていた私は、できれば家から通える中学の教師になりたいと思い、地元の小学校の校長先生から新制中学の校長先生に紹介していただき、履歴書を提出しました。一九四七（昭和22）年七月三一日付で「千葉県印旛郡久住村立久住中学校の助教諭を命ずる」との辞令をいただきました。（当時の業務履歴には七月三一日付「教員適格判定を受く（第二三四号）千葉県教員適格審査委員会」と記されています）

仕事には通勤用の手提げが必要だったのですが、当時の田舎では、売っているところもなく、材料となる布地も手に入りません。そこで祖先の陣羽織で思い切って手提げを作りました。その時私は一九歳、教師という初めての仕事に緊張と希望に胸を膨らませていました。中学校には一里（四キロメートル）の山道を自転車で通いました。担当した理科の教科書には「何をどれだけ食べたらよいか」という項目があり、それは私が専門とするところでした。他に家庭科も受け持ち、運動会のダンス指導や部活のマラソンの顧問も担当し、毎日よく練習をしました。学校をさぼる子（さぼってよく山で遊んでいたため、〝山学校〟と言っていました）の家族とは毎日連絡しあったものです。、連絡帳に学校での様子を記録し、短い期間でしたが、情熱を思い切りぶつけ充実した日々でした。

一方、終戦の混乱がもたらしたいろいろな事情から、にわか農業に加わった私たち一家は、統制下の米、甘藷《かんしょ》の作付けによる政府の供出の割り当てに苦しみました。勤務を終えて帰宅後、日も暮れた薄暗い中で野良仕事を精一杯やりました。しかし、作物の実りは良くありません。それでも割り当ての供出をしなくてはならず、足りない分は、政府で買ってくれる価格より高いお金で買い、供出したものです。供出の苦しみは忘れられません。

大麦の粥《かゆ》をすすり、昼食にはその粥を弁当箱に詰めて持参する有様でした。とうもろこしは石臼で粗びき、中びき、小びきにし、粗びきと中びきはご飯に混ぜ、小びきはお団子にしました。粗びきと中びきはご飯に混ぜるときれいな色になり、卵が入っているように見えたものです。これは、九州にいた時に母が地元の農家の方から教えてもらったものです。稲作は母も私も初めてでした。苗をまっすぐに植えることの難しいこと。田の中ではヒルに吸い付かれるし、ずっと腰を曲げていると腰が痛くなり、腰を時々伸ばすなど、とにかく大変な作業でした。

家にある食材を工夫して、いろいろと加工することもありました。麦芽糖で、甘藷やとうもろこしの飴を作りました。とうもろこしの飴は爽やかで美味しいものが出来上がりました。秋には毎日庭の柿を食べることができ、苦しい中にも楽しみもあったのです。

筍《たけのこ》の季節には家の裏の竹やぶから掘って、毎日のように食べていました。筍の黄味酢和えは上品な味で美味しかったことを記憶しています。種をまき、苗を植え、食物を作ることができた経験は、その後の食べ物に関係する仕事にとってよい勉強になり、力になりました。

教師の仕事をする一方で最終的には栄養関係の仕事に就きたいと思っていた私は、新聞で農村の栄養改善の仕事に就ける生活改良普及員の国家試験があることを知り、早速願書を提出して受験しました。合格を機に教師の仕事は辞めました。

第二章

生活改良普及員の日々

一　生活改良普及員の誕生と生活改善

一九四九(昭和24)年千葉県農林部農業改良課に採用されました。私は現場に出て働きたかったため嬉しくて、※1生活改良普及員に貸与された緑の自転車に乗って村から村へと走りました。

仕事の内容は多岐にわたります。私の場合は農村の衣食住に関する改善が中心で、その中でも、食生活改善のための仕事が主でした。栄養に関する講演を県内各地で行いました。担当地域となった安房《あわ》郡長狭《ながさ》地区一〇カ町村及び岩井町（現　富山町）では各部落ごとに開催し、昼間が無理な時は夜開き、生活や栄養の改善普及に力を注ぎました。

生活改良普及員の研修会で大学の建築学の教授に台所改善のための設計図の書き方を教わりました。

私の担当一〇カ町村（鴨川・天津《あまつ》・小湊《こみなと》・田原《たわら》・主基《すき》・東条・西条・吉尾《よしお》・曽呂《そろ》・大山《おおやま》）の婦人会長との連絡会議を組織しました。農村青少年の育成のためには、当時アメリカの農村社会で組織されていた※2 4Hクラブという団体を作り、一泊二日の交流会や学習会などを実施しました。一九四九（昭和24）年頃から三年間くらい、富山町の生活展に参加し、地元生産物を調理して展示しました。一九五一（昭和26）年頃には転勤で担当地区が変わり、船橋市、鎌ヶ谷市、柏市、市川市、野田市、手賀村などを細かく歩き、指導にあたりました。

台所改善にも取り組み、手賀村では「かまどの改善」の実施指導も行い、火がよく燃えるように、ロストル※3と釜底の間隔についての研究なども行いました。船橋市の二子町、山野町、本郷町、前貝塚町では、麹の作り方、味噌、納豆の作り方の指導も行いました。調理講習では、部落ごとに農繁期の保存食や手軽にできるバランスのよい料理等の指導を部落ごとに、お寺や学校の体育館などあらゆる所を使って行いました。二子町では夏祭りの時、神社の境内で、農協婦人部の協力の下に、食生活のパネル展示を実施して喜ばれました。農家の人には年間を通じていろいろな野菜が食べられるよう、計画栽培の提案をしたり、働きやすい農作業着の研究を行いました。

安房郡全域と千倉《ちくら》町などでは、夏期に農村婦人や青年と宿泊研修を実施しました。東葛飾《かつしか》郡担当の時は、浦安、柏、野田地区などでも、たびたび会合を開きました。

千葉県の本庁の生活改善係に勤務している時のこと、係長の森川規矩《きく》氏から、長生《ちょうせい》郡長柄《ながら》村の消防団の総会に急に行かれなくなったので、私に行くよう命令されました。当時の県知事（柴田等氏）と農業改良課の石丸美春氏と一緒でした。講演には私は慣れていないため、知事の挨拶のすぐ後がよいということになったものの、演檀《えんだん》に立つなり急に心配になり目の前が暗くなってしまい、一時間の講演を四〇分にまとめてしまいました。

またある講演会では農業協同組合長さんから昼食をご馳走になった時ドジョウ汁を出されま

1.

2.

3.

1. かまど作り講習会（1950年頃） 2. かまど作り打ちあわせ 3. 寺での料理講習会（1952年頃） 4. 村祭りで栄養について展示（1951年頃）農業協同組合長さんや農業改良普及員も参加

4.

した。私はそれまでドジョウ汁を食べたことがなかったのですが、残すわけにもいかず思いきって飲み込んでしまいました。他にも随分いろいろな体験をしました。

当時の農林省（現　農林水産省、以下同）の生活改善課長の大森松代氏から、生活改善クラブを組織する時の人数は一五名くらいが一番研究しやすいと教えていただきました。農林省が中心となり、各県にも呼びかけ、生活改良普及員や生活改善クラブの人達の全国交流会・発表会なども行いました。

船橋地区に異動した頃の貴重な体験として、日本女子大学の家政学部に三カ月の国内留学をしたことがあります。各県から一人ずつ選ばれ、大学の寄宿舎に寝泊まりして、日本女子大学の先生や農林省の方々が講師となって、熱心に勉強しました。内容は衣食住全般にわたる問題と農業問題でしたが、台所の設計もあり、調理実習ではおきなずし作りもするなど、とても充実した三カ月でした。国内留学から戻ると、地域での活動はさらに充実したものとなりました。

※1　生活改良普及員……農業改良助長法一九四八（昭和23）年に農業の民主化・教育啓蒙の使命を担う。受験で資格を得た生活改良普及員の多くは女性で「考える農民の育成」をスローガンに知識や技術の伝達（衣・食・住その他）にとどまらず改善の手助けを行うことが任務とされていた。

※2　4Hクラブについて（綱領より一部抜粋）……　私たちは実践を通して自らを磨くと共にお互いに力を合わせ

てよりよい農村、よりよい4つの信条を掲げます。
○私たちは農業の改良と生活の改善に役立つ腕（Hands）を磨きます。
○私たちは科学的に物を考えることのできる頭（Head）の訓練をします。
○私たちは誠実で友情に富む心（Heart）を培います。
○私たちは楽しく暮らし元気で働くための健康（Health）を増進します。
以上のHands・Head・Heart・Healthの頭文字をとって4Hです。四ツ葉のクローバーをシンボルとしています。

※3　ロストル……火格子　風がのり火がよく燃える。

二　初代生活改良係長　森川規矩《きく》先生

若い頃いい上司に出会えることは、かけがえのないものです。県庁の農業改良課の生活改良係に入職した時、係長は衛生部栄養課と農林部農業改良課の生活改良係長を兼務していた森川規矩先生でした。先生は栄養士でもあり、先輩として、聴衆の心をつかむ話し方、講演と講話の違い、調理講習会のやり方など、非常に多くのことを教えてくださいました。「栄養士の資格を持っている者は常に遅れることなく勉強することだ」と、いつもおっしゃっていました。

常に勉強すること、他に遅れることなく新しい知識を吸収すること、そんな仕事の取り組み方を教えられました。

森川先生は佐伯栄養学校の第四期生で、千葉県は森川先生がいらしたので栄養に関する取り組みが早かったのだと思います。県立栄養専門学校も一九四六（昭和21）年に開校されていました。私が栄養改善運動に力を注ぎ、千葉県の農村を訪れた際、地元の人が「以前、森川先生から、大豆を一晩水につけてそれをすり鉢ですり、葱と人参を入れた卵焼きの作り方を教わった」と話してくださったことがあります。その活躍ぶりに感心し、すばらしい先輩に教えてもらえる喜びを感じました。

先生からは、どんな困難にも打ち勝つ「栄養士魂」の気迫をいただきました。これはずっと私の心の支えになったものです。以後、森川先生は初代千葉県栄養士会会長を経て第三代日本栄養士会会長として大きな実績を示されました。

三　農村の生活改善と保育所開設

ここでは、〝農村の生活改善「普及員の一日」農繁期に向かう村の表情〟という題で当時の私を取材した記事を転載します。婦人民主新聞の一九五三（昭和28）年五月一八日付に載ったものです。記事中の「安藤節子」が私の旧姓です。

「これからの農家はうんと切りつめて、うんと働かにゃ食っていかれねエ。昔どおりにな……」。今日このごろの農家のおやじさんは女房や息子たちにしきりとそれを言い聞かせています。だが、うんと働いても、うんと切りつめても食えないかもしれぬ。そこで共同精神と生活の合理化が農家の暮らしの中で検討されはじめています。ここに生活改良普及員という仕事があって、全国に千人ほどの普及員が部落から部落へ、畔から畔へ、と歩きながら衣食住の合理化を、その共同化を、指導しています。

以下は、千葉県下東葛飾郡を受け持つ安藤節子さんの一日。田植えの農繁期に向かう農家の表情。

うなずき合う若い主婦「寺内部落」

炭坑節も踊って、野良着やカマドの改善

「七色づけがよかったね。年寄りも子どもも喜ぶし、酒のサカナにもなるし……」

「うちはライスカレーが一番評判がいいです。安藤先生に教わったようにするとおいしいし、簡単にできるから手もはぶけますしね」(七色づけはスルメ、昆布、大豆、ミカンの皮、とうがらしに麹を入れ醤油でカメにつけこんだもの、三週間はもつ。ライスカレーは粉とカレー粉を油で練りこんでルーを作り保存し、にんにく、しょうがを入れるのが特色。ルーは一ヵ月もつ。いずれも農繁期に料理の手をはぶくために考案された)

ところは船橋市葛飾農業協同組合の事務所。集まったのは寺内部落の婦人部の委員四人で、いずれも紺のそろいの上張りを着た農家の若い主婦、つまり嫁さんたちである。(二三軒のうち一七人が婦人部に入っている)

「昨年発足してから一年間、食生活の改善に取り組んできて、今年は作業衣の改善を目指しているのですが……」と安藤さん。

雨の日、野良へ出ない日に、大急ぎで集まって講習を受けた。同じ部落に住んでいて、農家のお嫁さんたちは初めてお互いに知り合った。保存食の講習が成功したのは「手廻りの食材でうまいものが食べられる」と年寄りや男も喜び、気持ちよく嫁を集まりに出してくれたからだ。

だが、今年の作業衣はどうだろう。タスキがけ、手甲、脚絆だ。戦争中もんぺ姿になったとき「これは便利だ」というので今日まで愛用されている。労働科学研究所が推薦する今度の作業服は洋服だから、下着もジュバンでは間に合わない。大体農家では男の作業衣は大判で洋服になっているのに、女の方は上着も下着もまだ着物のまま。

この切りかえが保存食のように成功するかどうかがちょっと不安のようだ。しかし安藤さんの熱意に感動した婦人たちの意欲はさかんで、もう布地の手配をつけている。

「嫁にくるときもってきた着物のうち浴衣はオムツに、赤いものは女の子に着せて、残っているのはメイセン類ですね。木綿類はすぐなくなってしまうし、作業衣はどうしてもつくりますから……」

顔を見合わせ、うなずき合う若い主婦たちには、友情さえきざしている。

安藤さんと主婦たちの仕事を応援し、見守ってきた農協の大塚氏の意見を聞いてみよう。

「私はもっと目的をはっきり持ってね、従来の婦人会のようでなく、研究的な態度で生活改善に取り組んでほしい。昨年はだいぶん踊ったりなんかしたからね。嫁さん、つまり農村婦人の若い層が集まる意味というのは、そこにあると思うのですよ」

「この辺でお年寄りの集まり（念仏講、鎮守社のおこもり）には踊りがつきものなんです。それで私もある集まりでは相当お姑さんを攻撃するようなことも言ったのですが、後で炭坑節を踊ったらおばあさんたちは気も悪くせず、すっかり喜んでくれ、また来てくれと言われるので……」

安藤さんは二四歳の若さ、泥まみれで改良カマドの据え付けもする。

「相川さん、お宅のカマドはどうです？」

「まだすこしけぶりますが、乾いたらよくなるんじゃないですか」

「私そのうち行ってみますわ」

「ええ、どうぞ」

　昔ながらの土べっつい、珪藻土《けいそうど》のニコニコカマド（けぶる、燃料がいる、煮炊きの時間がかかる）から改良カマドへ、農村の生活改善はこんな風に進められている。


初の農繁期託児所「小栗原《おぐりはら》部落」

氏神様のお宮で、子ども一人一日一〇円
　国電中山駅から雨の中を三〇分、小栗原六丁目の鎮守さまに部落の男女一三人が子ども連れで来て、待ちくたびれていた。農繁期託児所の最初の試みが、この部落で行われようとしているのである。まず部落の人々がこれに賛成するかどうか。

「方法によるんですが……」と、みんな安藤先生の口元を見ている。

「それはみなさんで一番よい方法を考えてほしいのです」。満三歳以上の子どもで希望者約二〇名、期間は五月末から月をまたいで一〇日間、場所はこのお宮。

農繁期托兒所

小栗原部落

場所は氏神さまで

最初のこころみ

子ども1人、10日間を100円で

まずのら着やカマドの改善へ

（上）農繁期保育所（1953年頃）中央右が矢島せい子氏、左が私 （下）婦人民主新聞（1953年5月18日）

「氏子の方はご承知くださるでしょうか」と、これは農協の大塚氏。
「いえ、氏神は姫神さまですからね。子どもを遊ばせるのは神様も氏子も異存ないですよ」（笑い声）
「うちの子ときたら生まれてから田んぼの畔にころがされて育ったですからね。託児所やっても途中で田んぼへきちゃうんじゃないかとそれが心配でさあ」
「なにね、大勢いっしょだから、結構遊びますよ。大丈夫ですとも」
時間は午前六時から午後六時まで。保母さんは田んぼへ入らない主婦二人、手伝い二人、それに安藤先生。
「しかし、朝六時から午後六時まで働いてもらうなんて大変でさあ。家では年寄りがつきっきりでも見切れないですが……」
「ああそれは、交替にするので、朝六時から出た人はお昼に帰り、お昼から出た人がおしまいまで、そしていつも二人はいるようにするのです」
「ははあ、なるほどねエ、やっぱし先生は頭がいいや、なるほど交替してね」（笑い声）
「大変ですよう。まったく。学校でもやったことあるんですが、××先生なんぞ、託児所で一貫目ぐらいやせちまったですからね」（笑い声）
「おやつ代が要りますが、みなさんは幾らくらいがよろしいでしょう」

「さあてね、先生いってみてください」

「私は、一人一日五円くらいと思うのですが……」

「そりゃ少ないでしょ、先生の家だって一〇円は使いますよ」「忙しい日にゃ一五円ぐらいやっちゃいますからね」（そうですとも）

「では一〇円にしましょうか」

「それでやってもらえるんなら、一年中でもいいすね」（笑顔）

給食もした方がいいけれども、今回はまあ初めてのことだからと、お昼は家で食べても、弁当を持ってきてもよし。

「子どもはお弁当を持っていくのが嬉しいんですよ」と、これは学校でひらかれた託児所へ子どもを預けたことのあるお母さん。紙芝居、積み木、折紙などは市の予算から出る。

「用意していただきたいのは、砂場とすべり台に使うヌキ[※1]を六本ほど……」

六尺四方の砂場を作ることについては父親の発案で、すもうの土俵のように、わらずとカコイ（中にものを入れて、わらで囲んだもの）を作ることになった。ヌキを使うとトゲをさすおそれがあるからというので。

紙芝居もやりましょう

砂はリンゴ箱一杯五〇円、六杯は要るでしょう。「やあ先生、抜け目がないぞ」というわけで、準備の日どりが決まり、一人につき一〇〇円の負担で田植ぇ時一〇日間の共同託児所が決まった。

「先生、小遣いはどうしましょう。うちの子は紙芝居がくると必ず見に行くくせがついているんですがね」（笑い声）

「では紙芝居の来る時間には、こちらも紙芝居を見せましょう」

「お小遣いは公平に、一銭も持たせないほうがいいじゃないですか」。これは疎開以来お世話になったからと保母役を買ってでた若いお母さん。

「先生、そのう、紙芝居のときはおやつの飴でも持たしてやってくださいよ。やっぱしくせになってるので」（笑い声）

こうして楽しくお宮の託児所会議は終わった。

以上が新聞に載った文章です。生活改良普及員の仕事の概要がこうしてマスコミに紹介されたのです。農村の意識改革の黎明《れいめい》期でした。

託児所の開設中、子ども達のお弁当は、月刊『婦人之友』の「友の会」の方や、近くの西部婦人会の方々の協力で作られました。栄養バランスもよく、おいしくて、子ども達に喜ばれました。

託児所開設にあたって、近くの済生会の診療所の協力で健康診断もやりました。子ども全員が健康ということで、安心して開設できました。まだ洗濯機も普及していなかった頃で、婦人の労働軽減のために農業協同組合に洗濯機を一台購入してもらい、野良着の共同洗濯もできるようになり、大変喜ばれました。

※1　ヌキ……薄くて幅の狭い板

四　農家の生活改善に駆け回る

青春時代については、「農家の生活改善に駆け回る私の青春時代」という題で、私が満六〇歳の時に民医連新聞（一九八九年二月一日付）に載った記事の一部を転載します。

千葉県内を西へ東へと飛び回り、衣食住、特に食生活の改善に力を注ぎました。村まつりを利用して生活改善の展覧会をしたり、調理講習をはじめ、麺、納豆の作り方、

働きやすい作業衣の工夫などを説いて回りました。当時、農家の主婦は、くすぶるカマドで泣きながら炊事をしていましたが、私たちはよく燃えるカマドを考案し、実際に作って回りました。カマドを完成させるには、素手でコンクリートにさわるため、手が荒れて痛みました。

私は当時のことを千葉県刊行の月刊誌『農業千葉』（五巻九号）の普及員日誌に、「農家の方も生活改良の必要性を認めてくれました。残念なのは経済面で、経費をかけないでといっても、やはりいくらかはかかります。解決策は農業生産の増大、経営の合理化等でしょうか。私たちはその苦しい農家をどうしたら楽にできるか、日夜考えていますが、よい知恵が浮かびません。どこでも金詰まりのようです」

と書いていました。

「少年よ大志をいだけ」という言葉を胸に、ひたすら緑の自転車のペダルを踏んで、村から村へと駆け巡りました。主婦の生活改善グループを作り、講習会を開き、フォークダンスを踊ったり、農家の人々と夜が更けるのも忘れて語り、同じ釜の飯を食べるなどして、交流を深めていきました。安房地区担当から転勤する時は、二〇〇人の村人が手作りの料理を持ち寄り送別会を開いてくれました。

一九五一（昭和26）年に、市川・船橋地区の担当となり、桜井和三郎氏（元千葉県自治労委員長）に誘われて農業問題の学習会に参加するようになりました。そこで日本の現状、農業の現状、歴史の真実について学び、それが世の中の仕組みを知るきっかけとなりました。その中で、亡き夫、本田哲巳《てつみ》との出会いがありました。夫は「自分が頑張ればなんとかなる」と思っていた私に、科学的に社会を見る目を開かせてくれました。この時期、農家の主婦の労働軽減を図るため、農繁期に氏神様に託児所を作り、農繁期の共同洗濯を成功させるなどの活動を進めました。労働者と農民が農産物を通して協力し合う組織づくりの提唱や、生活改善大会に「人形劇団プーク」の上演を企画するなど、農家と密着した充実した日々でした。こうして仕事や出会った人々、さらには感銘を受けた本などを通して社会の仕組みや真実を知り、かつては軍国少女だった私も平和な日本の国づくりの土台になることを誓うようになってきました。

そして、民医連（全日本民主医療機関連合会）との出会いがありました。青春時代に心底打ち込んだ私の活動経験は、その後の栄養活動に大いに生かすことができました。青春時代の心は、一生私の中に生き続けるでしょう。

第三章

学校給食

一　戦後の学校給食の始まり

戦後の日本は深刻な食糧不足から国民全体が栄養失調状態にあり、「食」の社会不安が増大していました。「食」の社会不安を取り除き、アメリカ軍による占領政策を成功させるために、食糧政策が行われました。

アメリカの進駐軍は、チョコレート、バター、チーズ、コーヒー、小麦粉、缶詰などを特別に配給しました。

日本の学校給食は、戦前の一九三二（昭和7）年、貧困のため弁当を持参できない児童に対して、文部省（現 文部科学省、以下同）の予算で行われたことがありました。

戦後、学校給食はＧＨＱ（第二次世界大戦後、日本を占領した連合国軍総司令部、一九五二（昭和27）年サンフランシスコ「平和」条約発効とともに廃止）やアジア救済連盟などによる救済物資等の食糧援助から始まりました。

終戦後に始まった学校給食の流れを列挙します。

○一九四六（昭和21）年

占領政策としての食糧供給・占領地救済がアメリカ国内の世論となり、「ララ（アジア救済連盟）」からの援助物資、脱脂粉乳に、副食を添えた試験給食が、東京・神奈川・千葉で始まりました。「ララ物資」による学校給食は、当初週二回以上が標準でした。「ララ物資」だけでは不足気味だったので、教師や給食担当者は野菜や燃料を手に入れるために奔走しています。

○一九四七（昭和22）年

戦争被害地救済のため、国連にガリオア（占領地域救済）・エロア（占領地域経済復興）基金が設けられ、都市の児童三〇〇万人に対し学校給食が開始されました。

○一九四九（昭和24）年

さらにユニセフ（国際連合児童基金）が国連に設けられ、これらの基金をＧＨＱが発動することによって、全国の都市部の児童に学校給食が行われるようになりました。やっと食を得られた児童は、パンと脱脂粉乳給食に目を輝かせて喜びました。

○一九五〇（昭和25）年

ガリオア基金による小麦粉が学校給食用に放出されました。コッペパンを焼く指導のため、ＧＨＱの指導員がアメリカから来たものの、小麦粉が薄力粉であったため、あまり膨らまなかったこともあったようでした。

パン、脱脂粉乳を中心として、副食を添えた「完全給食」が、八大都市（東京・大阪・

京都・名古屋・横浜・神戸・広島・福岡）に定着しました。同年、学校給食用物資を適正円滑に供給していくことを目的に「日本学校給食会」（現 独立行政法人日本スポーツ振興センター）が財団法人として設立されました。

○一九五一（昭和26）年

二月には、全国市制地へ完全給食を普及することになりました。

同年九月のサンフランシスコ「平和」条約調印で、日本が「独立国」となったと同時に学校給食用小麦粉のガリオア基金が打ち切られたため、国庫補助を求める運動が全国で展開されました。

○一九五二（昭和27）年

政府は小麦粉に対し半額の補助を決め、日本学校給食会が小麦粉と脱脂粉乳の一切を取り扱うようになりました。

パン、脱脂粉乳（ミルク）中心の給食で、都会の子どもはパンを常食とする風潮が生まれ、後に米離れが進むなど、日本の食生活に大きな変化をもたらしました。

学校給食は、現状においてはいろいろ問題がありますが、戦後、児童の空腹を満たしてくれた貴重なものだったのです。

○一九五四（昭和29）年

学校給食は教育の一環として位置付けられ、「学校給食法」が施行されました。この法律で「完全給食とは、給食内容がパンまたは米飯（これらに準ずる小麦粉食品、米加工食品そのほかの食品を含む）、ミルク及びおかずである給食をいう」と明記されました。

◯一九七〇（昭和45）年

文部省から「学校給食用小麦粉にリジン[※1]強化がのぞましい」との通達が出されました。合成されたL―リジンの安全性について、一九七五（昭和50）年六月、高橋晄正東京大学医学部講師が学校給食用L―リジン中から三・四―ベンツピレンを検出、その原料にノルマルパラフィンが使用されている疑いがある旨の発表があり、その事実をもとに、「栄養は食べもので補うべき」の基本的立場から全国各地で活発な反対運動が展開されました。リジン強化は一九七六（昭和51）年になって全国の府県で中止されました。当時の日本人の食物摂取レベルはパンにリジンを強化する必要がないほどに改善していました。

◯一九七六（昭和51）年

戦後三〇年を経て食の多様化が進み、人々の米への依存度も下がったことから米余りが深刻化し、「米飯給食」が開始されました。

当時の米飯給食は週〇・六回が平均値でした。一九八五年には平均一・九回になりましたが、「日本の伝統的食習慣を教えるため」として、「週三回」が目標とされました。近年は食育基本法の制定や食への関心の高まり、学校で伝統文化や郷土の産品を教えようという声などを背景に、米飯給食は増え続けています。二〇〇七年には週三回を達成しました。

○一九七九（昭和54）年

文部省は、パン用小麦粉の改良剤として用いられていた臭素酸カリウム[※2]の使用を禁止しました。

※1 リジン……たんぱく質は約二〇種類のアミノ酸のさまざまな結合でできています。その中で体内で合成できず食物として取り入れなければならないものを必須アミノ酸といいます。成人の必須アミノ酸は九種類で、リジンはそのひとつです。体内では、体の組織を修復し成長に関与する、ブドウ糖の代謝を促進するなどの働きがあります。

動物性たんぱく質に多く含まれ、米や小麦、とうもろこしなど穀類のたんぱく質では不足していますが、肉や魚、卵、豆類などの食品を一緒に食べることで、たんぱく質の利用率が上がり、通常の食生活で大幅に不足するということはありません。

食糧事情が悪く、子どもの栄養が十分に行きわたらなかった時代、栄養強化を目的にでんぷんと糖蜜を原料に合成のL―リジンが小麦粉に強化されました。

※2 臭素酸カリウム（臭カリ）……パン生地のふくらみを調整し、きめ細かく焼き上げるのを目的に、イーストフー

ドとして使用した添加物。一九七六（昭和51）年、厚生省の調査により遺伝子に異常を起こすことがわかりました（後に発癌性があることも確認）。一九七九（昭和54）年、学校給食用パンから臭カリを追放する運動が急速に広がりました。生協で代用品としてL—アスコルビン酸（ビタミンC）で製造することに成功。各地の自治体で次々と添加中止を決定、学校給食パンから臭カリを追放することができました。

二　栄養士一校一名採用となる

学校担当の栄養士と調理員は、当初はＰＴＡに雇われた立場で、身分の保障はありませんでした。その後、学校給食の拡大により、当事者はもとより父母と教師が中心となって行政へ働きかけ、行政の職員となりました。

船橋市では、一九六一（昭和36）年四月、私が正規職員に採用された時、まだＰＴＡ雇用の栄養士がいました。採用された後、そのことを知った私の衝撃は大きいものでした。私は一校に一名の栄養士が必要であることを強く感じて、「一校一名栄養士配置」の運動に立ち上がりました。

入職してから三カ月後、栄養士の勉強会でこれらについて考えを述べることから行動を始めました。

一九六二（昭和37）年四月、栄養関係の組合の職場委員になり、船橋市役所職員労働組合（市職労）の協力を得て、一校一名の栄養士の配置と調理員本採用の運動が始まり、一九六四（昭和39）年に運動は実を結びました。

『戦後船橋と市職労の五〇年　上巻』には次のように記されています。

「この取り組みの結果、八一名の在職者については、昭和三九年度に四九名、残りの三二名について四〇年度に、二年間で全員を従前のPTA雇用から市の正規職員として身分を切り替えるという大きな成果をあげた。学校給食を重視するというこの取り組みの中で、『栄養士全校配置』という課題も全国に先駆けて実現するという画期的な前進が勝ち取られていたのである」

栄養士と調理員が力を合わせて学校給食の理想を掲げて努力したことで、運動は大きな成果を上げました。同時に、「おいしい給食」を目標に努力しました。

現在は飽食の時代となりましたが、小児の生活習慣病やアレルギー等を考える時、学校給食での「食教育・栄養教育」の果たす役割は大きくなっていると思います。

三　脱脂粉乳から牛乳へ

一九五五（昭和30）年頃から景気が急速に上向き、神武景気と呼ばれました。人々の生活が豊かになり、農家でも米・小麦・野菜・牛乳・鶏卵・食肉の生産が安定し、その結果、上がり続けていた価格も安定してきました。食品関係では、加工食品製造の新開発として食品添加物や着色料が加わるようになりました。天野慶之氏が著書『おそるべき食物』（一九五九年出版）で、加工食品使用上の注意を喚起し、アメリカのレイチェル・カーソン氏が著書『沈黙の春』（一九六二年出版）で、化学物質による汚染、農薬・殺虫剤の危険性を警告したように、新たな問題の始まりでもありました。

食料の需要は満たされましたが、生活環境の汚染は激しくなり、人々の関心もそれらの安全性に向けられていきました。一方、それまで使用されてきた学校給食用の脱脂ミルクはそもそもがアメリカの余剰物資であり、粗悪品が多く、まずくて飲めないなど、児童が給食を「苦痛」とするなどの声も上がってきました。

そのため、各学校では、高速攪拌《かくはん》機を購入して砂糖・油脂を加えるなど、牛乳に近く、おいしくなるよう努力しました。私も毎日研究を重ねました。しかし、技術的な努力だけでは無理がありました。

この頃になると、日本の酪農家の手で牛乳が安定して生産・供給されるようになりました。一九六二（昭和37）年頃から「脱脂ミルク反対、牛乳の学校給食を！　日本の酪農を守れ！」

という運動の高まりもあり、各新聞に脱脂粉乳の問題が報道されるようになりました。脱脂粉乳による食中毒や不純物の混入、アメリカでは家畜のエサであるといった声も上がり、日本の酪農家は「俺たちの牛乳を使え！」と立ち上がりました。

私は千葉県庁で生活改良普及員として農村にかかわる仕事をしたことがあり、酪農に対しての愛着も持っていました。また、千葉県は日本の酪農発祥地でもあり、学校給食栄養士として、児童に「牛乳を味わってもらいたい」の一心で、一九六三（昭和38）年五月、船橋市薬円台《やくえんだい》小学校の柿沼校長の協力を得て、市内で初めて牛乳給食を実施しました。

牛乳の供給元は、生産者と消費者が結びついて、よいものを提供しようと努力していた八千代牛乳でした。

一ケース四五本のびん詰め牛乳を、まず私が各クラスに運び、喜ばれました。薬円台小学校は当時二四学級くらいではなかったかと思います。私が自分で運んだのは、調理員が腰痛などを起こさない運び方を知りたいと思ったからです。

現在では牛乳が当たり前なのですが、牛乳給食実施にあたっては、柿沼校長先生に骨を折っていただきました。私は、ただひたすら「千葉県の農業、酪農を守りたい」、そして「児童に本物の味を知ってもらいたい」という願いからの行動でした。

一九六四（昭和39）年春に、姑が急に肺がんと診断され、術後療養看病のため、九月、学校給食の仕事を辞めましたが、その後も牛乳導入の運動にかかわりました。「脱脂粉乳をおいしく調整するのが栄養士の責務」と考える人がいた中での、びん詰め牛乳導入でしたが、徐々に牛乳への移行が進み、一九六六（昭和41）年には全国的にびん詰め牛乳（二〇〇ミリリットル）が導入されました。その後、テトラパックの時代となりました。

1982 年 5 月に開院した船橋二和病院・私も建設委員の一人として参加した。(88 ページ参照。写真は病院より提供。)

第四章

病院給食と
栄養指導

一　戦後の食生活の変化と疾病とのかかわり

国民栄養調査（現在の国民健康・栄養調査）は、戦後の一九四五（昭和20）年、各国から食糧援助を受けるのに必要な基礎データを得るために、GHQの指令に基づいて実施されたのが最初です。一九四八（昭和23）年からは全国調査となり、層別無作為抽出法により調査地区が選定されました。初回の調査は東京都民六〇〇〇世帯約三万人を対象としたものでしたが、翌一九四六（昭和21）年からは九都市、二七都道府県、四鉱山・炭坑地区及び一鉄道局で実施されています。一九五二（昭和27）年には栄養改善法が制定され、法律に基づく調査として、国民の健康状態や栄養素摂取量を把握する役割を担うようになりました。

一九四七（昭和22）年の調査結果をまとめた「国民栄養の現状」では、総括として次のようなことが指摘されています。

「熱量及びたんぱく質は都市、農村ともに増加したが、これを望ましい標準必要量に対比する時、たんぱく質は都市農村ともになお一五グラム内外不足であり、熱量は村においてはほぼ標準量に近いが都市はなお三〇〇カロリー（当時の単位表記）内外の不足を示している。また、たんぱく質の内容を見るに農村は動物性たんぱく質が不足し劣質である。脂肪の摂取量は都市、農村ともになおかなり不足であり特に農村においては著しい」
「無機質のカルシウムが著しく不足、ビタミン摂取量も同様で、特にビタミンB_2がかなり不足である」
さらに身体的症候についても、「発現率は前年度よりは一般に減少したが母乳分泌不良、月経異常、脚反射消失、口角炎、貧血等はなお相当多くみられる（以下略）」

第二次世界大戦前の我が国では、結核が長い間、肺炎及び気管支炎、胃腸炎、脳血管疾患などと並んで主要な死因の一つであっただけでなく、長く首位の座にあり、明治、大正と死亡原因の一〇パーセントを占め、大戦中は一四パーセントにまで達していたとのことです。戦後の食糧難時代も相変わらず結核患者は多く、一九五一（昭和26）年までは結核が死因一位でしたが、一九五六（昭和31）年に激減しました。ワクチンやストレプトマイシンなど抗生物質が治療に使われ始めたことが威力を発揮したからですが、食生活の影響も無視できません。

一九五六（昭和31）年から、日本の食生活に新たな風が吹き始めました。キッチンカーとフライパン運動です。キッチンカーは、アメリカの資金で設立された財団法人日本食生活協会が日本各地で繰り広げた栄養指導のことです。日本人に不足していた油脂類と動物性たんぱく質を増やし、米食の粒食から小麦粉の粉食への転換を図ろうとした栄養指導の結果、洋風化と栄養重視志向が進みました。

フライパン運動は、一九六一（昭和36）年に厚生省が提唱した「一日一回フライパンで油料理をしよう」という運動です。

一九六〇（昭和35）年代さらに日本の食生活に大きな影響を与えたものに、自動販売機普及の問題が挙げられます。アメリカから日本にコカコーラのボトル（びん）の自動販売機が入ってきたのが一九六六（昭和41）年。翌年には、缶の自動販売機が導入され、都会、農村を問わず多くの所に設置されました。子どもが果実飲料などを手軽に購入して飲んでしまい、その一方で食事が進まず、貧血などの問題も生じてくるようになりました。

一九六〇（昭和35）年頃からの高度経済成長により生活にゆとりができ、食生活は安定してきました。一九六五（昭和40）年頃には食品工業の進歩、包装材料や計量充填包装装置の開発により、大量生産・流通が広域にわたり、計量も省力化され、セルフサービス販売も可能になりました。インスタント食品や加工食品の大量生産、食品流通の拡大とともに、外食産業やレトルト食品、調理済み食品、持ち帰り食品が食生活の中に加わって多様化し、食事作りが軽減されました。この時代、テレビ・洗濯機・冷蔵庫の家電製品が「三種の神器」と呼ばれ、急速に家庭に普及していきました。これら家電製品の普及は生活時間の配分にも大きな影響を与え、女性の社会進出を少しずつ促すことになりました。

所得と余暇の増大で外食も多くなり、グルメ志向の時代を迎えました。アメリカマクドナルドのフランチャイズ企業の子会社、日本マクドナルド株式会社は、一九七一（昭和46）年七月二〇日、一号店を銀座三越店内に開店しました。一九九九（平成11）年八月には三〇〇〇店（他のハンバーガーショップを含めると五〇〇〇店）になり、日本の食文化に大きな影響を与えるようになりました。一九八〇（昭和55）年頃はグルメブームで、家庭の食事が軽視され、レストランや一流料理店のものが選ばれるようになっていきました。個人個人が好きなものを食べる時代となり、「飢えを経験した人たち」から、「飢えを知らない世代」へと人口構成は移っていきました。

電気、機械、土木、建築、交通などの進歩により、肉体労働が軽視され、生活は多様化し、その結果、運動不足、ストレスの増大などさまざまな要素から、肥満、糖尿病、高脂血症、虚血性心疾患、癌など、食生活に影響される病気が増加しました。厚生労働省は、二〇〇九（平成21）年の日本人の平均寿命は男性が七九・五九歳、女性が八六・四四歳となり、女性は世界最長寿で、男性は五位になったと発表されました。

日本人の三大死因は、癌・脳血管疾患・心臓病といわれています。これらの原因でもある高血圧・高脂血症・糖尿病の患者が年々増加しています。中でも糖尿病は二一世紀の国民病ともいわれ、厚生労働省の「二〇〇七（平成19）年 糖尿病実態調査報告」では「糖尿病が強く疑われる人」と「糖尿病の可能性を否定できない人」の合計が約二二一〇万人と推定されています。

子ども達の食事も、孤食、個食、朝食欠食などが増加しており、家族団らんの食卓を囲むことが希薄になっています。改めて家庭での食事の持つ意義の深さを考える必要があります。

子どもにも生活習慣病が現れてきた問題を食生活からみると、エネルギーの過剰摂取、動物性脂肪の過剰摂取、米・麦・大豆・野菜の摂取不足からくる食物繊維の不足等が考えられます。

飢えの時代から飽食の時代となったこの戦後六五年余りの今日、これからの「食」について考えてみました。「食」は政治と深くかかわり、その時代の社会背景・国家経済のかかわりの中に存在し、人々はその影響を受けます。食品は食物の生産から始まり、加工・保存の段階では安全性の問題もあります。食品が口に入り、身体の中を駆け巡り、血や肉、熱や力となり、体の調子を整えてくれます。その良し悪しは、健康にも不健康にもつながります。

「食」には、調理も含め、親から子へと伝承してきた民族の歴史があります。現在、「アトピー性皮膚炎」という言葉をよく耳にしますが、その原因に戦後六五余年にわたる社会環境の変化（衣・食・住そのほか）がよく挙げられています。輸入食品のくん蒸剤や、食品添加物、着色料、農薬の影響も挙げられます。住居の問題ではダニが一番ともいわれています。また新建材も原因になっています。

生命の基である主食の米をはじめ、野菜、果物なども自国で生産され、自国で食べられ、生産者も消費者も安心して暮らせる施策を心から願っています。日本で生産されたものが日本人の身体に合っているのだと考えられます。特に、戦争を経験している私は、食糧の自給自足の大切さがいやというほど身にしみています。

二　病院給食の移り変わり

戦前、軍の病院では、軍は兵の生活のすべてに対し責任を持って給与するという趣旨に従い、病衣、食事、雑貨の類まですべて支給されることになっていました。

これを除くと、当時給食を行っていたのはごく一部の大学病院や規模の大きな病院などに限られていました。食事は付添人が廊下の一部に設けられた流しと木炭コンロで煮炊きすることになっていました。暖房用の火鉢や炭まで患者の持参でした。

大きな病院では、魚や野菜のご用聞きが病院を訪れるという状態で、時には、そば屋、すし屋から出前を取るということもありました。

終戦で陸海軍の解散に伴い、完全看護の軍病院は厚生省が引き受けることになりました。これは病院給食も含む日本の医療行政に一大転機をもたらす契機となったのです。

一九四八（昭和23）年三月から、食糧の増配等により全国の七大都市の病院と全国の結核療養所、癩《らい》療養所、精神病院を対象に、約八万五〇〇〇人の入院患者に対する給食が始められました。これが我が国における病院給食制度の始まりです。

同年一一月には医療法が施行され、病院に備えなければならない設備として、すべての入院患者に食事を提供することのできる給食施設が規定され、また医療法施行規則において病院に置くべき栄養士の数の標準は、病床数百床以上の病院にあっては一名とすることが定められました。

一九四九（昭和24）年五月からは、全国の一六万人の入院患者を対象に給食が開始されました。

病院が入院患者に給食を出すことになって、病院栄養士の数も増加し、またいろいろな治療食についての新しい知識を勉強する必要も出てきました。同年、慶応病院食養部の芦沢千代部長を中心として東京都病院栄養研究会が発足し、病院給食の栄養関係者が集まって定期的に研究会を重ねることになりました。

千葉県においても、ほぼ同時期に国立国府台《こうのだい》病院に勤務していた金沢賢一氏らが中心になって、千葉県の病院に勤務する栄養士の組織として「千葉県病院給食研究会」（現在の千葉県病院栄養士協議会）を設立して、研修会などを開始しました。

一九五〇（昭和25）年九月からは、健康保険法に基づく、社会保険診療報酬に完全看護・完全給食・完全寝具制度が導入され、入院患者の負担は大きく軽減されることになりました。

これにより、自炊をなくし病院給食を行う体制への整備が大きく前進しました。

完全給食とは「一般に患者の病状と嗜好に適合するように必要な注意が払われ、栄養量は普通患者食成人一日について、二四〇〇カロリー、たんぱく質八〇グラム、脂肪二〇グラム以上とする。したがって、一般に患者の側で食事の補給をする必要がないと認められる程度の給食を行うことをいう」とされました。その上、この基準量を満たすことができないと完全給食を取り消されるとあって、食糧難の中で、必要量を確保するための食材の確保には大変な苦労をしました。

一九五八（昭和33）年一〇月から、完全給食という名称は病院給食の標準的な内容を示すという意味の「基準給食」に改められました。

一九六〇（昭和35）年頃から次第に約束食事箋制度が普及していくようになりました。医師からの食事内容の指示を規格化して調理と食材の調達を簡易化するためのものでした。この方式はたちまち全国に普及して、医師に対して治療食の採用を容易にし、治療食が実際に用いうるものだということを常識にしました。

一九六一（昭和36）年一二月からは、「特別食加算」が設けられました。このことは、病人の治療に食事が大切であるという常識を生み出すことになり、西洋医学の輸入以来これまで続いた食事軽視の医療への考え方を改めさせる上で日本の医療制度にとって画期的なこととなりました。

一九七五（昭和50）年七月から、従来の栄養基準量は、栄養審議会の答申に基づき、「患者の栄養所要量は、性、年齢、病状等によって個々に適正量が定められるべきものであるので、患者食の栄養量及び食事は、その趣旨に沿った適正なものとする」に変更されました。

経済の発展により国民の生活は豊かになり、食生活は大きく改善され、いつでも食べたいものが自由に食べられるようになってくると病院給食は、「早い・まずい・冷たい」の評が定着するようになってきました。そこで、保温配膳車などを使用した適時・適温給食に取り組む施設も出てくるようになりましたが、基準給食では、どのような体制で給食を行っても収入が同じであることから、適時・適温給食は普及しがたい一面を持っていました。こうした中で、冷凍医療食が作られました。

その後、一九七七（昭和52）年二月、診療報酬の改定に伴い長年の念願であった「栄養食事指導料」が慢性疾患指導料の一部として五点（一点は一〇円）算定されることになったものの、同時に「医療食加算」一〇点も創設されました。

一九八三（昭和58）年二月、診療報酬の改定に伴い「医療食加算」は、「医療用食品加算」と名称を変更しました。

その後、「医療食加算」に関する制度については、度々国会でも取り上げられました。制度の問題点が週刊誌やテレビなどで報道され、一九九六（平成8）年二月、厚生大臣は参議院決算委員会において「制度の廃止も含めて検討する」と答弁しました。

四月九日、公正取引委員会は、日本医療食協会と日清医療食に排除勧告を出し、厚生省に指導と制度の改善を要請しました。これを受けて厚生省は四月二四日、中医協※1に「医療用食品加算制度の廃止について」を諮問し、中医協は五月一日から実施を答申し、算定の基準、実施上の留意事項の一部を変更して五月一日に廃止されました。経過措置が設けられましたが、一〇月三一日をもってすべて廃止されました。

一九九二（平成4）年四月、基準給食制度に「特別管理給食加算」が導入されました。これは、基準給食の承認施設であって、管理栄養士が管理し、適時・適温の食事を提供した場合に一〇点を加算するという制度で、適時・適温給食を実施するために必要な設備や人件費に充当することができるようになりました。これにより、病院給食の「早い・まずい・冷たい」を解消する取り組みが全国的な規模で進められることになりました。この時の診療報酬改定により、「栄養食事指導料」は慢性疾患指導料の一部から独立し、管理栄養士が行った場合に算定できることになりました。

診療報酬の抑制の観点から、入院患者の給食費については、自己負担問題が度々取り上げられてきましたが、一九九三（平成5）年になると、医療保険審議会[※2]において自己負担問題が検討されるようになりました。全国病院栄養士協議会は、総会の決議を基に陳情・署名などの反対運動を行いましたが、一二月、審議会から自己負担を導入する建議書が出されました。日本栄養士会、病院栄養士協議会は、厚生省と協議し、疑問や要望を説明しました。

その後、法改正などが行われ、一九九四（平成6）年九月三〇日をもって、定率一部負担の基準給食制度は廃止され、一〇月から定額一部負担（六八〇円）の「食事療養費制度」が創設されました。

特別管理加算の倍額（二〇〇円）の引き上げ、「食堂加算」や「選択メニュー加算」の創設などにより、病院給食の内容は大きく改善できる基盤が整うことになりました。

一九九六（平成8）年、医療法施行規則の一部が改正され、調理は病院外においても実施できることになり、セントラルキッチン方式での患者給食が始まりました。これは、クックチルや真空調理など新しい調理システムで大量に調理・保管し、各病院に配送し、病院の給食施設（サテライトキッチン）で直前に再加熱し盛り付けて患者さんに提供するシステムです。

この方式は、患者サービスを向上させ、衛生管理、安全性を確保し、新しい調理システムも取り入れ、経営の効率化を目指して取り入れられたものですが、病院と同系列の事業体による調理だけではなく、別系列の株式会社との契約（アウトソーシング）も増えており、患者給食＝治療食の管理という点からは、いくつかの課題がありました。

本来、食事というものは「出来たてのおいしさ」が求められるものであり、集団給食とはいえ、それをどうカバーしていくのかという問題があります。

具体的には、

①調理者の顔が見えないなかで、患者とつくる人とのコミュニケーションや情報交換をどうするのか
②変化する個別患者へのきめ細かい食事対応をどうするか
③長期入院患者に加熱メニューだけで通していてよいのか
④食中毒問題など不測の事態の防止対策
⑤メンテナンスの維持・向上の対策

など、充分な配慮がなされなければならないと思っています。

二〇〇六（平成18）年四月の診療報酬の改定に伴い、食事サービスに関する評価の見直しが

行われ、従来一日を単位として評価されてきた食事療養費は、一食を単位に算定されることになり、一日一九二〇円から一食六四〇円となりました。特別食も同様に一食単位の算定になり、単価が引き下げられるとともに、介護保険における療養食加算の見直しを踏まえ、経管栄養のための濃厚流動食が除外され、一日三五〇円から一食七六円になりました。

特別管理加算については、すでに大半の医療機関において適時・適温の食事が提供されていることから、加算としての取り扱いが改められ、入院時食事療養費の算定要件となりました。

一方、入院時食事療養費の中で食事サービスの一環として適時・適温の食事サービスと一体で評価されてきた管理栄養士の業務は、この診療報酬の改定により食事サービスと栄養管理とに明確に区別されました。実際に個々の患者ごとの栄養管理が実施されていることを評価の対象とした「実施加算」として診療報酬基本診療料の中に「栄養管理実施加算」が創設され、栄養管理は他職種と協働で行うべきことが明確化されました。栄養管理実施加算の算定にあたっては、常勤の管理栄養士が一名以上配置されていることが要件になり、患者個々の栄養管理が大きく充実されることになりました。

二〇一〇（平成22）年四月の診療報酬の改定により、「栄養サポート加算」が創設されました。これは、栄養障害を生じている患者または栄養障害を生じるリスクの高い患者に対して、医師・看護師・薬剤師・管理栄養士などからなるチームを編成し、栄養改善が行われた場合の評価です。対象者は、栄養管理実施加算が算定されていて栄養障害を有すると判定された者などとなっています。

算定の要件は、対象患者の栄養カンファレンスと週一回程度の回診、栄養治療実施計画の策定とそれに基づくチーム診療です。一日当たりの算定患者数は、一チームにつき概ね三〇人以内とすることなどとされています。

施設基準としては、専任の所定の研修を修了した常勤の医師・看護師・薬剤師・管理栄養士からなるチームが設置され、いずれか一人は専従であることとされています。

管理栄養士が医療チームの一員として、チームにより低栄養の改善を行うということになりました。これを行うためには、所定の研修を修了することが必要ですが、一人でも多くの管理栄養士がチームの一員として参加し、低栄養の改善を基に治療効果の向上、治療期間の短縮が図られることを願っています。

※1　中医協……中央社会保険医療協議会。健康保険制度や診療報酬の改定などについて審議する厚生労働大臣の諮問《しもん》機関

※2　医療保険審議会……一九九二年健康保険等の一部を改正する法律及び厚生労働省組織の一部を改正する政令により設置された審議会。

三　南浜病院との出会いと栄養活動

かつては都疎浜《とそはま》と呼ばれていた地域にあった南浜病院（現 南浜診療所）[※1]に一九六四（昭和39）年から勤務することになりました。南浜病院と私の関係は千葉県庁に勤務していた時に遡《さかのぼ》ります。ここは現在では船橋市南本町と地域表示されていますが、戦後東京から疎開してきた人々が集まった、浜に近い所だったので都疎浜と呼ばれていました。今でも自治会館の名前などにそのなごりがあります。生活改良普及員として船橋地域を担当していた一九五二（昭和27）年、都疎浜が県の栄養改善の指定地域になり、農林部農業改良課より保健所に協力するよう依頼があったときが最初の出会いでした。その後、県庁を辞め、船橋市教育委員会に採用されて学校給食に従事していた時、南浜病院の医療レベルが高いことを聞かされていました。治療困難な病気も南浜病院で受診すると治りが早いという評判でした。当時、姑の肺癌の術後の世話のため、教育委員会を退職して家にいましたが、幸い快方に向かい手があくようになったため、知人の紹介で南浜病院の患者食の献立を手がけることになりました。この病院の患者食は、姑の友人であった故 村上百合子婦長自ら厨房で鰹節を削ってダシを取り、おいしく作っていたと聞いていました。村上婦長の心を引き継いでいこうと心に刻みました。

患者食は三〇食で、最初は週一回献立をたて、献立の説明と調理指導をしていました。指導は週一回から二回となり、ついには毎日になってしまいました。そして基準給食申請の手続きを手がけることになりました。基準給食制度は医療機関が都道府県知事の承認を得て、厚生大臣の定める基準による給食を行った場合、一般の給食点数に特別の点数を加算するもので、基準としては、給食組織が確立していること、栄養士等専門知識を有する者が業務を担当していることなどが定められています。申請して半年後の一九六六（昭和41）年に承認されました。

また、患者給食だけでなく、疾病を予防するには地域での栄養活動が必要であると、栄養に関する通信、例えば「夏を元気に乗り切ろう」と題したリーフレットなどを患者さんと地域住民に向けて次々に発行しました。夜は、「病気と栄養」の学習会を計画し、医師などにも呼びかけました。

船橋市の一隅にある病院ですが、栄養活動では大学病院にも負けない給食内容にしたいと考え、実践しました。このエネルギーがあったのは、全日本民主医療機関連合会（以下、民医連と略す＝99ページ参照）の綱領が心に焼き付いていたからだと思っています。新しい研究成果を患者に返し、食事の上からも疾病の治療促進の手伝いをしたいという一念にかられていました。

病院では、一九六八（昭和43）年頃から疾患別（高血圧症、糖尿病、肝臓病、結核など）の食事についての指導を、銀行の集会室や都疎浜会館、旧勤労会館で始めました。これは船橋二和《ふたわ》病院ができるまで一〇年余り続けられました。一方、職員には職員食を作りました。職員食に関しても、栄養のバランスはもちろんですが、同じ材料でも調理法をいろいろ変え、みんなが心から満足してくれるものを提供しようと努めました。単に空腹を満たすだけでなく、みんなが一緒においしいものを食べ、いわゆる「同じ釜の飯を食べ」、職員の団結がより一層深まることを期待していました。

栄養科で一緒に働いていた最古参のベテラン調理員の岩立ひさ子さん、古宮美代さん、調理師で栄養事務を手伝っていた石田百合子さんをはじめ、関わりのあった方々は当時四〇歳以上の働き盛りで、みんな研究熱心で患者食向上に力を惜しみませんでした。夜間に疾病の学習会を行い、内科の高橋稔先生[※2]、大場敏明先生、矢野光雄先生、外科の長谷川純先生[※3]にも協力していただき、患者食作りに生かしました。例えば一九七三（昭和48）年当時、夕食時間は一六時三〇分が一般的でしたが、一七時三〇分にしました。患者食は温かいものは温かく、汁物は七〇度以上で提供しようと、冬の寒い日は温度計を持って配膳に努力しました。

企業健診では、健康管理班の一員として、健診のまとめ作業を夜間に故 工藤医師（外科）と行いました。健診の結果説明の際には必ず食生活の話をしました。バランスのとれた食事や酒の上手な飲み方、地域婦人には貧血予防の食事を説き、働く人に対する夜間の栄養指導も行ったことなど、昨日のことのように思い起こされます。地域の生協（生活協同組合）とも協力して、家庭の食事調査を行いました。そのほか病院の待ち時間を利用して、待合室などでも栄養指導を行いました。待合室は常に患者さんであふれていました。私も患者さんに学ぶと同時に、南浜病院の医療活動や、地域を住みよくする運動に参加する中で、成長させていただいたと思っています。

一九七五（昭和50）年頃、南浜病院では糖尿病に取り組むため、院長が千葉大学に頼みに行き、専門の医師 金塚東先生[※4]（現千葉中央メディカルセンター糖尿病センター長）が来てくださるようになりました。病院では、薬剤師、栄養士の私、看護婦（現看護師）、検査技師の四人で、糖尿病のグループを作り、金塚先生の指導で、糖尿病とはどのような病気か、患者に対する指導方法等を教えていただきました。

先生は熱心で、当時、千葉市で夜開催されていた医師対象の大きな研究会にも誘ってくださり勉強ができました。今でこそたくさんの研究会があり発表もできますが、一九七五（昭和50）年頃はあまりありませんでした。南浜病院で発表したのは症例報告「糖尿病に併発したヘモクロマトージスの一症例」で、先生の指導のもと糖尿病グループ全員で取り組み、薬剤師の村瀬喜興子氏が発表し、参加者から注目されました。その後の私の糖尿病の取り組みは金塚東先生に診療後のミーティングでご指導いただきましたことが、今日まで続いている学習の原点となっています。先生と出会ったことで、多くの知識をいただき、すばらしい医療スタッフの方と巡り会う機会も増え、栄養活動が広がりました。先生に深く感謝しています。

検査データの悪い患者宅を訪問し、日常生活のあり方や食生活の指導をしました。その結果、患者の症状はよくなってきました。看護婦の提案で独自の糖尿病手帳を作りました（現在は日本糖尿病協会から発行されている手帳を使っています）。

私は退職した後も依頼されて、引き続き糖尿病の指導に行きました。その頃は南浜診療所には千葉大学から若い医師 関直人先生（現 独立行政法人 国立病院機構千葉東病院）が来てくださるようになっていました。昼間働いている患者さんや家族も参加していただけるように、夜間に糖尿病の栄養指導と調理講習会を計画しました。診療所の患者以外にも呼びかけようと〝地域の情報紙〟に載せました。この会には関先生も参加されて、一緒に調理もされ、皆で試食をした後、先生が糖尿病の話をしてくださり、栄養士の私が食事の講話をしました。和気あいあいとした雰囲気で参加者全員にとても喜んでいただけました。

また、日本糖尿病学会東葛糖尿病研究会で、「南浜病院糖尿病指導の三十年」と題して、一九六五（昭和40）年から三〇年間の糖尿病管理について発表しました。

栄養活動を中心に書きましたが、その活動の根幹には、日常の医療活動全般を各職種ともよく学習したこと、それを生かすために専門の仕事に邁進したこと、さらに絶えず社会へ目を向けていた南浜病院の全職員の支えがあったからこそと思います。

※1　南浜診療所……一九八一（昭和56）年五月に病院から診療所になる
※2　高橋稔先生……現 船橋二和病院名誉院長
※3　長谷川純先生……現船橋二和病院長
※4　金塚東先生……現ＮＰＯ法人小象の会理事長（生活習慣病防止に取り組む市民と医療者の会）

糖尿病週間での外来指導（船橋二和病院）
（1990 年 11 月）

四　白亜の殿堂　船橋二和病院

一九七七（昭和52）年、千葉市幕張に民医連の病院、健生病院がオープンしたのに続き、船橋に複数の民医連の施設をという長い間の懸案であった、船橋二和病院が建設されることになりました。その際、私は建設委員に任命されました。

この病院は将来、医師臨床研修病院を目指して二九九床にするということで、建設委員会は夜を徹して話し合い、それぞれの部門が協力し合って設計にあたりました。

私の担当した栄養部門も、おいしく喜ばれる給食を目指して、厨房の設計、患者食堂とともに栄養指導室設置の希望を提出しました。栄養指導室はスペースは小さいものの、患者待合ロビーに近い場所に設置することができました。

また、患者食堂は温かいものは温かく、冷たいものは冷たく提供できるように、電気器具と冷蔵庫を配置し、テーブルと椅子は三〇年が経った今も使用されています。この患者食堂は、糖尿病患者の食事療法に関する教育を行ったり、食品の計量、簡単な調理実習、講話などを行う場として大変役立ちました。なお、各病棟へは保温配膳車を導入の予定でしたが、あまりにも高額で、毎月の電気代を計算すると大きな赤字が予想されたため断念しました。その後、保温保冷配膳車が一九九一（平成3）年に船橋で初めて導入されました。翌年、保温保冷配膳車の保険点数も認められることとなりました。

いよいよ病院が完成に近づいた一九八一（昭和56）年、一月一〇日付で開設準備委員会委員に任命されました。今度は開設に向けての取り組みを始めました。

建設に取りかかった当初から、地域の方々に病院を知っていただくために、担当の岡本功氏と新京成電鉄沿線の北習志野《ならしの》、高根公団、二和向台《ふたわむこうだい》をはじめ近隣の鎌ヶ谷など地域ごとに懇談会を開き、私は栄養講話や調理実習を行いました。一例として、「船橋二和病院健康友の会」初代会長の鈴木堅太郎氏の提案で、疾患別の各種弁当の展示を北習志野の習志野台団地の集会所で行いました。

南浜病院での通常勤務に従事する一方、二和病院開設のため、昼となく夜となく駆けずり回ったのは、理想の病院を作りたいという目標と情熱があったからです。大きなエネルギーを使いましたが、若かったからできたことだと思います。

五月六日に開設することができました。祝賀会の料理は栄養科が受け持ち、日本料理は調理師の渡辺正二郎氏が市場で魚を買ってきて、刺身や細工物に腕をふるいました。焼き物、煮物、中華ちまきはベテランの岩立ひさ子さんと私が中心となり、小川恵子栄養士（現　栄養科長・管理栄養士）など全員が分担協力し、立派なものができあがりました。栄養科の職員全員が新しい病院でのこれからの活動に燃えていました。

開設前に、栄養士と調理師は東京の代々木病院で一週間交代で研修しました。開設祝賀会に参加してくださった代々木病院の食養課長（当時）の喜多井恭子氏が、「本田さん、理想を生かした、まさに白亜の殿堂ができあがりましたね、おめでとう」と言って喜んでくださったことがいつも心に残っています。

五　理想に燃えた栄養活動の思い出

栄養活動として心に残っていることは、『病態栄養学』（野崎幸久・杉山[※1]二《ふ》六《む》佑《ゆ》著／医歯薬出版）著者　杉山二六佑氏（私の食糧学校の先輩）を講師に迎え、栄養士・調理師（員）も参加して「病態栄養学学習会」を開催したことです。そのことを医局にも知らせたところ、当時研修医だった川村実先生（現　二和ふれあいクリニック長）も参加してくださり、とても嬉しく感じました。

そのほか、研修医の先生方にも昼休みに講師として栄養科休憩室に来ていただき、各疾患について栄養科全員でよく勉強しました。夜の小児科の学習会にも栄養士全員が参加し、小児科の森田昌男先生（現　船橋二和病院　小児科長）や臨床心理士を囲んで定期的に学びました。こ

(上) 腎臓病カンファレンス (1991 年 5 月)
(下) 講師活動中の私 (1985 年頃)

れらの学習会で学んだことを、日常業務に生かすことができました。

一九八一（昭和56）年頃、栄養指導をより効果的にするために、船橋二和病院と民医連の診療所を担当している非常勤の栄養士で、日々進歩する医学・栄養学を中心に勉強会を行いました。栄養指導は栄養士の話をきちんと理解してもらうために、まず栄養士が心を開き患者さんの話を聞き（傾聴）、すべてを受け入れ、その上で患者一人ひとりにあった指導をすることが大切です。挨拶の仕方や話し方など患者に対する対応の仕方を、今でこそ当たり前になっているカウンセリングや交流分析、コーチング技法なども取り入れ勉強しました。講師は、診療所で栄養指導をしている管理栄養士の織田朋子氏にお願いしました。織田氏は卒業後すぐに勤務した東京の病院で厳しく接遇の指導を受けた方です。常勤の若い栄養士にきちんと指導法を伝授してくださいました。

一九八八（昭和63）年のことでした。食事を飲み込めない患者に「どのようなものをどのような形にしたら食べていただけるか」と、専門の医師、近藤克則先生（現　日本福祉大学社会福祉学部教授）から造影剤入りのゼリーを作るよう指示があり早速作りました。その時、近藤先生から「レントゲン室に来るように」と言われ、栄養士三名と行きました。先程のゼリーを「飲み込んでいく状態」をレントゲンを通して見せていただき参考になりました。初めての体験で感激しました。その後いろいろ工夫して治療食基準の中に「嚥下《えんげ》訓練食」として「嚥下訓練ＡＢＣＤ」を作ることができました。ゼリーから全粥までの栄養量を算出して治療食基準の中に加えることができました。

入院食には行事食や節目ごとの季節感を取り入れました。三月三日にはちらし寿司にお雛さまのカードを添えたり、五月五日にはお皿の上に柏の葉を敷き料理をのせたり、クリスマス、正月の行事食も工夫しました。糖尿病食の新年会の折り詰めは、個々の患者さんに合わせてエネルギー別に調理したのですが、これはあまりに職員の負担が大きかったため三年で中止しました。食物アレルギーの子ども達との雑穀もちつき大会も行いました。サマーキャンプでは、調理師の協力を得てアレルギー食を作りました。産科開設にあたっては、お赤飯、鯛の姿焼きなどの祝膳「お七夜食」にも取り組みました。

新年の患者食（1982 年）

栄養指導については、外来は栄養指導室で、入院している方には患者食堂で実施しました。栄養士は糖尿病カンファレンスに参加したり、調理師が加わっての病棟訪問やリハビリ病棟のカンファレンスで介護食を工夫したり、さらには非常災害食にも取り組むなど全員で給食向上に取り組みました。

一九八三（昭和58）年度の千葉県栄養士会の研究発表会では「食物アレルギーの食事指導」を発表して、栄養改善奨励賞を受賞することができました。二〇〇二（平成14）年五月一七日に「食物アレルギーの指導の取り組み」に対し、再度栄養改善奨励賞を受賞しました。

糖尿病教育入院の患者達に食堂で「糖尿病食品交換表」の本を使って、食品の計量・一人ひとりの分量の確認・栄養価計算・調理実習を行い、患者がわかりやすいよう「食品交換一覧表」も工夫して作りました。

一九八四（昭和59）年から、退院間近の患者や患者会（松和会）[※2]の方々とウインドーショッピングや調理講習会を行い、交流を深めました。

一九八五（昭和60）年頃、一歳半で発病したＩＤＤＭ（1型糖尿病）の女児が救急車で搬送され入院しました。小児科と糖尿病の専門の先生が担当となり、栄養科にも細かい指示がありました。入院の食事はもちろん、夜中の低血糖対策なども苦労しました。この症例は「一歳半で発症したＩＤＤＭの患児の栄養指導」と題して、二年後に「日本栄養改善学会」で発表しました。

一九八五（昭和60）年頃から四年間、船橋二和病院の活動を多くの方に知っていただくため、地域の栄養士の研修として、糖尿病担当の松尾哲先生（現 成田日赤病院 糖尿病代謝内科部長）を講師に糖尿病の勉強会を毎月開きました。以降、この勉強会が基礎となり、千葉糖尿病教育スタッフ研究会が年四回、千葉大学病院講堂で開催され、次いで集中講義が年二回、二〇〇人以上の医療スタッフが集って研修する会へと発展しています。関係の方々から高く評価されたことはとても嬉しいことです。

一九九一（平成３）年には、独立行政法人健康・栄養研究所 食品科学部長・池上幸江先生（現 大妻女子大学名誉教授）と「大麦の血清脂質に及ぼす影響」の共同研究を行いました。対象は、船橋二和病院の健診で、初めてコレステロール値が「高値」と指摘された人、従ってそのための薬はまだ飲んでいない方、一五名でした。この時、論文を海外に向けて発表する際に必要となる倫理委員会を、高橋稔院長と事務長の協力で作っていただきました。この研究は池上幸江先生が海外の雑誌に発表し、私は日本栄養改善学会で発表しました。

『臨床栄養』誌や『プラクティス』誌より原稿依頼を受けて発表する機会もあり、船橋二和病院の栄養活動を知っていただくことができました。

一九九二（平成４）年の退職時に、あらゆる疾病の『治療食基準集』として、

①食事基準一覧表

②食糧構成一覧表
③一般食・離乳食・幼児食・治療食・検査食の栄養量

にまとめ、食物アレルギー除去療法及びその他の資料も加え、二〇〇頁からなる一冊の本にし、医局の先生方全員と、各婦長、各病棟、栄養科職員全員に進呈することができました。この本は、一九八八（昭和63）年に栄養指導業務で厚生大臣賞を受賞したことをきっかけに、入院食提供にあたって「食べていただける治療食づくり」と「栄養管理が十分に行き届いた治療食であること」を願って、南浜病院から船橋二和病院までの一六年間にわたる病態栄養の進歩に伴う改訂を重ねて集大成したものです。

民主的なチーム医療が行えたのも、民医連（99ページ参照）の綱領を持つ船橋二和病院であったからこそであり、多くの方々に支えられ、情熱をかけて栄養活動を精一杯やってきた喜びで一杯です。

南浜診療所は一九八七（昭和62）年に改築されて透析室が設けられ、一月一九日から人工透析が開始されました。診療所では透析食を外注にする予定で、厨房は設計にありませんでした。しかし、いざ透析開始となると外注の食事は味が濃く、リンやカリウムの多い食材が使われていて、透析食にはならないということがわかりました。「船橋二和病院栄養科で調理してもらえないかと、南浜診療所から依頼があった」と船橋二和病院の事務長から相談がありました。「南浜病院」出身の私にとっては「何とか助けたい」という気持ちが強く、栄養科で真剣に話し合い、「大変なことだが協力しよう」ということになりました。そこでまず、サテライト（診療所）に弁当を提供している国立王子病院へ見学に行きました。王子病院の栄養科長は、腎臓病学会でも座長をなさるほどの実力者、安西志保子先生でした。とてもていねいに細かく献立について教えてくださいました。透析弁当の献立をサイクルメニューで作成し、弁当箱はどれを採用するか、運搬はどうするか、安全性と衛生に関することはどうか、食べ終わった弁当箱の洗浄や消毒についてはどうかなど、話し合いを続けました。そして一九八七（昭和62）年三月から実施に踏み切りました。

これが大変な苦労の始まりでした。

ある時、調理担当者が見た目にきれいだからと、レモンを一切れ五グラム程度添えたところ、「カリウムの多いものが入れてあった」（現在ではこのぐらいの量は問題ないとなっている）と、南浜診療所の透析室から電話がありました。当初はこのようなことでよく叱られたものです。確かに、病院が提供する弁当は患者の食事の見本になるものなので、あらゆる点で十分管理されたものでなくてはならず、栄養科で学習会を開き、透析食に関わる食品や分量などについて栄養科職員が共通の認識を深める努力をしました。毎日の食事なので、正月から年の暮れまで息をつく間もありません。夏は食中毒の心配もあり、運搬をするだけに衛生管理の徹底など、一日たりとも神経の休まる時がありませんでした。その後、南浜診療所では外注で、よい透析食が取れるようになり、外注になりました。

船橋二和病院でも透析を導入することになり、かつての苦労が大いに役立つことになりました。患者の検査データを見た時、今さらながら、初期の栄養指導の徹底が重要であることを痛感しました。透析は私たちが南浜診療所で始めてから三〇余年、その間、技術やダイアライザー[※3]などの進歩により、かつての食事療法は緩和されています。しかし、水分摂取制限については今も昔と変わらず、いつも水分を計量させながら習慣づけが行われています。

※1　杉山二六佑……病院給食の先駆者。東京医科歯科大学附属病院 栄養係長、大妻女子大学非常勤講師

※2　松和会……糖尿病専門の松尾先生の「松」と二和病院の「和」の二字をとり松和会と名付けた

※3　ダイアライザー……透析装置

六　民主的集団医療と病院給食発展のきっかけ

長いようで短かった六五年の栄養活動、その半分が民医連（民主医療機関連合会）での活動です。民医連には一九六四（昭和39）年に栄養士として加わりました。民医連には、医療を進めるうえで全職種参加の民主的集団医療があります。民医連の病院では生き生きと発言ができ、発言を実践に移すことに周囲の協力がありました。民医連にはすばらしい綱領があり、私の座右の銘でした。

全日本民医連の綱領

われわれの病院・診療所は働くひとびとの医療機関である。

一　われわれは患者の立場に立って親切でよい診療を行い、力をあわせて働くひとびとの生命と健康を守る。

一　われわれはつねに学問の自由を尊重し、新しい医学の成果に学び、国際交流をはかり、たゆみなく医療内容の充実と向上につとめる。

一われわれは職員の生活と権利を守り、運営を民主化し、地域・職域のひとびとと協力を深め、健康を守る運動をすすめる。
一われわれは国と資本家の全額負担による総合的な社会保障制度の確立と医療制度の民主化のためにたたかう。
一われわれは人類の生命と健康を破壊する戦争政策に反対する。

この目標を実現するためにわれわれはたがいに団結をかため、医療戦線を統一し、独立・民主・平和・中立・生活向上をめざすすべての民主勢力と手を結んで活動する。

一九六一年一〇月二九日　全日本民主医療機関連合会

（註・この綱領は、新しい時代にふさわしく二〇一〇年二月の全日本民医連第三九回定期総会で新しい綱領に改訂された）

綱領のとおり、民主的集団医療は、医師を中心として、各職種（看護・X線・検査・薬局・栄養・ケースワーカー・事務等、医療にかかわる各職種）が平等の立場で協力し合い、患者に関する情報を交換し合い、一日も早く治癒することを目指しています。カンファレンスも全職種参加で、各職種とも責任を持って発言することで、患者の情報が正しく早く医師に伝わり、それだけよい治療に結びつきます。栄養部門も、病気について、薬について、検査について、時には医師や他部門の職員を講師に勉強しました。その頃、高橋稔院長から「栄養士も医局にある医学書ぐらいは読破するといいでしょう」と勧められたことがあります。今でこそチーム医療は当たり前になっていますが、当時としては画期的なことでした。

患者に治療に専念してもらうためには、単に医学的知識だけでなく、時には患者の経済状態や家族関係なども知って、可能な援助をしなくてはならないこともあります。

民医連綱領の趣旨でもある「いつでも、どこでも、だれもが、お金の心配なく、安心して医療を受けられる」の実現、それは国民すべての願いのはずです。私は綱領の「われわれはつねに学問の自由を尊重し、新しい医学の成果に学び、国際交流をはかり、たゆみなく医療内容の充実と向上につとめる」という言葉が特に好きでした。小さな病院の栄養部門でも、この目標を心に、歩み続けました。

全日本民医連で栄養部門の活動が取り上げられるようになったのは、一九七四（昭和49）年頃からです。同年七月には、千葉県安房郡千倉町で第一回関東甲信越栄養部門交流会が開催されました。

全国的な組織作りも進められ、全国に世話人が設けられ、私も参加しました。当時の世話人の方々との交流は現在も続いています。全国集会も開かれるようになりました。一九七九（昭和54）年七月には全日本民医連第二回栄養活動検討集会が琵琶湖の近くで開催されました。この集会では、初めて調理師の問題が本格的に討議されたので、その部分を中心に紹介したいと思います。

第二回栄養活動検討集会の報告　――琵琶湖――

一　第二回栄養活動の意義と任務
二　栄養活動を取り巻く情勢
三　民医連における栄養活動の到達点と今後の課題
①　患者給食の改善――食事時間と適温給食、食品購入の改善そのほかの課題
②　地域における栄養活動
③　民主的集団医療の中で専門的力量をどう高めるか
④　部会活動

報告書の「二　栄養活動を取り巻く情勢」の中の「栄養士、調理師（員）を取り巻く状況と民医連栄養部門の活動」から一部抜粋します。

これまであまり明らかにされてこなかった、調理の問題について考えてみましょう。調理とは、第一に、これを食する人に適した生きた食材を充分吟味して選ぶこと。第二に、この生きた食材を迅速に処理し、しかもその食材の特色ある味と色を引き出して、また食材を生かした味付けをして食膳に卓することとです。

ある調理師は、「食材との対話は自然との対話、その味と色を引き出して総合的に創造することは料理の妙味、絵画的色彩感覚も要求される総合芸術」といっています。特に食材の鮮度を見分ける目、その食材を必要に応じて切るときの包丁の切れ味、火加減と調理の合理的過程、技術の手順など、生きた治療食を作ることが大切であるとされます。

調理上の問題点としては、病院給食の場合は、低診療報酬の上に、食数が多いことや労働条件の不充分さ、さらに調理技術上の理由から、調理の専門性を生かした食事が系統的に維持できないということがあります。

したがって、栄養士、調理師（員）の専門性を生かしていくためには、やはり患者の要求を基礎に、栄養・調理の基本の上にたった献立づくりに、本格的に取り組んでいくことが大切です。

この現実の矛盾を解決するためには、献立作成への調理師の参加、栄養学的な知識と調理の基本の両方をかねた病院調理師像も今後の課題の一つです。民医連には多くの調理員が活動していますが、専門的医療従事者として活動していくために調理師の資格を取ることも重要な目標となっています。調理師（員）で栄養士の資格をとって活動している人もいます。

「各職種の役割と民主的な集団医療」に述べられているように、民主的集団医療の実践の課題は「専門分化と総合」の創造と探究の課題でありますが、特に病院給食の場合は、一人ひとりの患者の食生活と健康にかかわる重要な欠かすことのできない業務を担うものとして、「職種間連携と集団の英知と努力」が大切です。

さらに報告書には、調理師に関して、主に調理師の方々が発言された内容も載っています。

○患者の立場にたって考えた場合、病棟訪問など栄養士、調理師それぞれが取り組んでいるが、その中で職種の役割がはっきりしてくる。調理の専門性とは何かということも、話し合われ、調理師自身が調理基準の作成に主体的に取り組んでいる。

○「力量を高める、力量があるとはどんなことであろうか」「調理師と調理員の違いは何であろうか」「調理師の資格は取る必要があるのだろうか」「調理師よりも味付け一つにしても調理員の方が腕が上なのに、それでも資格は必要か」「免許がないということが逃げ口上になっている、免許はなくてもよい」など出ましたが、私たちの仕事も経験主義でなされてはいけないのではないか。

○栄養士は大変な中でもいろいろと地域活動をしているが、調理師（員）が参加できるのは夜ぐらいだ。手いっぱいの仕事量、始めから残業が当然のような業務が組まれ、口では大変な仕事であると管理部はいっているが、実際に栄養の仕事の理解度はどんなであろうか。

また、この集会では、元日本料理の調理師であった代々木病院の調理長、喜多井敏夫氏が病院給食向上のためのいろいろな提案をしてくれました。参加者はその提案を持ち帰り、また参加できなかった人も集会の報告書を見て、実践してくれたのではないでしょうか。実際、船橋二和病院でも開設前に栄養科の職員が交替で代々木病院に研修に行き、調理に関する心構えと技術についていろいろ教えていただきました。

思う存分に仕事ができ、思う存分に生きてこられた民医連での生活をかみしめた時、これからも元気で目標を持って生きていきたいと思うのです。

七　アメリカ研修旅行へ参加して

二〇〇二（平成４）年五月三〇日から六月七日までの九日間にわたって、アメリカ集団給食視察ツアーに参加しました。見学した施設は、病院給食、老人病院、老人ホーム、学校給食、会社の社員食堂などでした。

視察ツアーに参加したのは、糖尿病治療のメッカ、ジョスリンクリニックに一度は行ってみたいと思っていたからです。

私が南浜病院で糖尿病の指導を始めた時に、最初に読んだ本が『ジョスリンクリニックとの対話〝糖尿病をめぐって〟』でした。何回となく読み、感銘を受けました。今も手元にあります。

私は糖尿病指導に特に力を入れ、勉強会も主催していましたから、「一度ジョスリンクリニックに行きたい」という思いを常に持っていました。主催者に「ジョスリンクリニックを見学できるなら参加したい」と話しましたら、見学行程の中に加えていただけましたので、喜んで参加しました。

ボストンのジョスリンクリニック見学

ここは糖尿病教育発祥の病院でもあり、どうしても見学したい所でした。特に糖尿病とエイズ治療に力を入れており、ハーバード大学の教育施設、研究機関としても機能しているとのことでした。

なお、癌治療にも力を入れています（癌の入院は三カ月くらいの長期の人もいます）。当時糖尿病は九〇床のベッドを三〇床に縮小し、あいた部屋は「糖尿病の研究に使用している」とのことでした。糖尿病の教育入院は五日間、その間に十分な教育を行う体制で、退院後のフォローはなく、あくまで自己管理です。

糖尿病ジョスリンクリニック見学（2002年）、右が私

このクリニックには、別に糖尿病用の個室が五八床あり、フロアには医師がいます。

アメリカでこのような医療チームの一員として働く登録栄養士になるためには、四年制大学または大学院で必要な科目の単位を取得し、最低でも九〇〇時間のインターンシップを修了した上で、登録栄養士試験に合格しなければなりません。インターンシップの期間は、半年から一年程度が一般的です。日本では管理栄養士試験に合格すれば一生資格を維持することができますが、登録栄養士の資格を維持するためには、五年ごとに七五ポイント分の栄養関連単位を取得しなければなりません。アメリカではダイエットテクニシャン（栄養士）と登録栄養士の仕事内容・給与などには明確な違いがあります。登録栄養士には、栄養のエキスパートとしての立場が確立されているのです。

教育入院患者は、カフェテリアで食事をします。バイキング形式で、自分で計算しながら料理を選択して食べます。糖尿病性腎症からの透析は行いません。

このクリニックは個室も含めて豪華なビルにありました。アメリカの医療では民間の健康保険会社が多いので個人負担があり、経済的負担が大きいとのことでした。

その折、地域の栄養士へのお土産として「アメリカの糖尿病交換表」を持ち帰りました。得難い本だと、みなさんから大変喜ばれたことを思い出します。

マイアミの老人病院

ウエストゲーブル・リハビリテーションホスピタル＆ヘルスケアセンターはベッド二四〇床、従業員二五名（うち栄養士三名）です。入院患者は三五歳～九四歳くらい、平均入院期間は二週間です。リハビリテーション専門家が、四八時間患者の様子をみて、二四時間から長くて二

アメリカ老人病院見学（2002 年）

週間の治療プログラムを立てます。栄養士は、食事面で一人ひとりの栄養（食事）計画をファイルしてまとめます。どうしたら自分で食事を作れるかを、本人だけでなく、その家族へも教えます。クッキングだけでなく、ショッピング（お金の使い方を含め）も指導します。栄養計画は、担当栄養士が一人で決めるのではなく、他の栄養士も参加して決めていきます。経管栄養は、栄養士が内容を決めます。メニューはいろいろあり、フード管理はマネージャーが行っていました。

老人ホーム

住居者数二三〇名、給食従事者一二〇名（そのうち栄養士一名）の老人ホームを見学しました。平均年齢は八〇歳。一部屋一人で個人のプライバシーは守られていますが、朝起きたら必ず自分でベルを鳴らすことになっています。入居者は、若い人で四四歳、最年長が九二歳で、近くに老人病院があるため医師はいませんが看護師に準じた人がいます。ここで一生を過ごしている人もあり、カップルも多くいます。

食事のメニューは老人の好みを入れていますが、選択方式ではありません。

学校給食

ニューヨークのエレメンタリースクールを見学しました。生徒数四六八名、給食数約二七八食、給食従事者三名（そのうち栄養士一名）。ここでは朝食も出していました（約四五食、親が低所得者の生徒対象）。

各種団体給食施設を見学して、社会的に栄養士の地位が確立していることを感じました。その地位を確立するための教育制度が充実しており、栄養士になってからも、常にレポートの提出、情報の交換など、努力が必要なことがわかりました。その一方で、医療で特に感じたことは、個人の医療費負担が多いアメリカは「金の切れ目が命の切れ目」であるということでした。日本の国民皆保険の健康保険制度のすばらしさを、改めて痛感しました。

第五章

私が力を注いだ
活動の中から

一　食物アレルギーへの取り組み

(1)　食物アレルギーとの出会い

食物アレルギーと私の出会いは一九七八（昭和53）年、約三二年前になると思います。当時の南浜病院は三〇床の病院で、内科と外科のみで、入院患者のほとんどが成人でした。その病院で、成人の喘息患者に対して、アレルギーを専門としている河野泉医師[※1]より、牛乳・卵・大豆・米を除去した食事箋が発行されたため、主食に粟などの雑穀を見つけて歩き、魚、馬肉、鯨肉をたんぱく源として、主食にいもを加え、最低五日間は同じ食品を使用しない五日回転食の献立を立案しました。できるだけ新鮮な食品を選択し、調理を工夫しながら入院食を提供しました。しかし、患者の治癒は思わしくなく、私たち栄養科の職員は心の片隅で「本当に食物アレルギーなどあるのかしら」と半信半疑でした。

特に私は、二〇代（一九五〇年代）は千葉県農林部農業改良課で生活改良普及員として、千葉県の農村の栄養改善に情熱を傾けた身です。牛乳・卵・大豆は当時は農家の換金作物でしたが、健康を保つ必要から、農家の食卓にのせるよう普及に努力した経験があります。また、千葉県は農業県であり、牛乳・卵・大豆の禁止には、軽い反感を覚えていました。

その後、地域の方々と共に建設した船橋二和病院で考え方が変わりました。新病院は二一〇床（現二九九床）で、小児科もあり、医師もアレルギーへの取り組みに熱心でした。食物アレルギーを除去する食物療法も実施され、栄養指導の件数も多くなりました。乳児に発症するアトピー性皮膚炎も除去食を通して治癒したことから、食物アレルギーの除去食物療法について、自信が持てるようになりました。大人と違って治療の経過が実に早い乳幼児の症例にいくつか遭遇したことも確信につながりました。

小児科での乳児健診や外来受診の小児の中に、アトピー性皮膚炎・喘息が目立って増えています。乳児期から肌がかさかさ、ぶつぶつして、かゆみが強く、かきむしってしまいます。これがアトピー性皮膚炎です。アトピー性皮膚炎がよくなったと思うと、風邪の度にぜいぜいするようになり、季節の変わり目や運動後に喘息発作を起こすようになります。中学生頃になってやっとそれらの症状がなくなったと安心していると、今度は鼻水・鼻づまりで悩まされます。それがアレルギー性鼻炎です。以上が典型的なアレルギーの経過です。アレルギーは遺伝的素因があり、同一家族に高い頻度で見られます。遺伝的素因があるからといって全員に症状が出るわけではなく、環境や食生活の影響もあります。少しでも症状があったら、受診し、治療を受けるように勧めています。

食物アレルギーとは

アレルギーとは、今から一〇〇年余り前の一九〇六年、オーストリアの小児科医クレメンス・フォン・ピルケが使い始めた表現です。「人や動物が体内にある種の異物を取り入れた場合、初回の反応と二回目以後の反応が変わってくること」を表す言葉として使用したギリシャ語です。アレルギー体質の人は、他の人には何ともない物質に特別に反応するのです。免疫反応もアレルギー反応も、原因となる物質に対して抗体が作られ、それが結合し反応が起きます。はしかや風疹は、かかった後は二度とかかりません。このように身体に有利に働くものを免疫反応といい、ワクチンはこれを利用したものです。一方、身体に不利に働く反応がアレルギー反応なのです。

アレルゲン（アレルギーを起こす原因物質）になるものは種々あります。吸入性抗原として、ダニは気管支喘息の原因となり、杉の花粉も鼻アレルギーの原因となります。食物アレルギーは、原因となる物質である抗原（アレルゲン）が食物として体内に入ることによって起こります。抗原も初めはすいすいと体内に入るのですが、アレルギー体質の人はアレルゲンに対してアレルギーを起す抗体を作りやすいので、二回目以後に体内に入ると、抗原であることがわかるため、その侵入物を防御しようとしてアレルギー反応を起こします。アレルゲンと抗体が結合すると「小さな爆発」が起きたかのような反応があらわれます。これがアレルギー反応です。

食物は私たちが生きていく上で基本となるものですが、人によっては、ある種の食物を摂取した時にアレルギー反応を起して病的な状態になることがあり、それを食物アレルギーといいます。その症状は全身に及びます。頭から足の先まで、血液の流れているところのどこにでも抗原抗体反応は起こるわけです。過剰な反応が目に出ればアレルギー性結膜炎、鼻に出ればアレルギー性鼻炎、皮膚に出ればアトピー性皮膚炎、空気の通り道に出れば喘息、そのほか胃炎、嘔吐、下痢、頭痛等もアレルギーが原因で引き起こされることがあります。

アレルギーを引き起こす食品を一時除いて、その後再び食べても症状が出現しなくなるよう、食品の耐性をつけて安全に食べられるようにしていくことが、除去食物療法です。これは、あくまで、医師の指示により実施するものです。

※1　河野 泉医師……一九七八（昭和53）年一〇月から六年間南浜病院勤務

食物アレルギー除去食の献立の立て方

食物アレルギー除去食の献立作成は、各食品の抗原性が少ない順に分類してある食物抗原強弱表を参考にして、医師の指示により作成します。回転食を基礎として代替食品を上手に利用し、主食・主菜・副菜二品くらい、いわゆる一汁三菜の献立として材料を配分します。そして、対象者の栄養所要量を充足させるように、各栄養素の過不足のないようバランスよく食品の配分をして、同じ料理を繰り返さず、おいしく楽しく食べられるよう工夫します。献立は、年齢別所要量を基本とした食糧構成に合わせて立案します。献立作成上の食品選択時の注意としては、特にアレルギー児は、亜鉛が少ないとの発表もありますので、亜鉛マグネシウムの多い食品を加え、さらにカルシウムと鉄にも注意していきます。栄養計算もエネルギー・たんぱく質・脂肪・糖質・ビタミン・ミネラルに至るまで計算してみる必要があります。

調理上の注意として

食物アレルギー除去食を調理する前に「だし」の準備があります。煮干しや鰹節が使えないときには、アゴだし（飛び魚のだし）にします。昆布だしや椎茸だしを使用することもあります。そのほか、野菜スープ（人参・玉葱・セロリ・キャベツ等）、魚スープ（魚と香味野菜を使ったりする）などをだしにしますが、毎日同じものでないこと、化学調味料は使用しないのが原則です。

卵・牛乳・大豆・米・小麦の五大アレルギーに対して使用できる調味料等

塩	ミネラルを含む自然塩。
醤油	発酵食品であり、小麦・大豆アレルギーがある場合でも基本的に使用可であるが、症状がある場合は、雑穀醤油（あわ・ひえ・きび使用）・魚醤油に代替する。
味噌	雑穀味噌（あわ、ひえ、きび使用）・麦味噌・米味噌が天然醸造の場合、長い時間をかけて発酵させるのでたんぱく分解が進み、アレルギー性が弱くなるので使用できる。
酒・みりん	米が原料なので使用しないほうがよい。
酢	天然醸造のリンゴ・ブドウ・ウメなどは使用可。
糖質	果物……症状を悪化させる。 砂糖……ビート糖は使用可（原料がサトウ大根）、白砂糖はサトウキビ（イネ科）が原料なので米アレルギーには使用禁。　黒砂糖、はちみつは控えて使用する。 アレルギー用メープルシロップ、タピオカの水あめがある。
油	油の反応が一番強いので大量に使用しないこと。 揚げ物は極力避ける。　シソ油（α-リノレン酸を含む）使用可。（抗酸化作用がある）
香辛料	からし・わさび・カレー粉など少量使用可。
水	煮沸して使用。　3才未満児は特に湯ざましが望ましい（塩素・トリハロメタンの関係上）

※医師の指示に基づいて選んで下さい。

(2) 食物アレルギー児の食事

あせらず、じっくり進めよう

妊娠中・授乳中の母親の食事も、母親がアレルギー体質の場合、胎児に遺伝する可能性があります。たんぱく質はアレルギーの原因（アレルゲン）になりやすい食物成分です。母親（になる人）は、妊娠したら同じたんぱく質を持つ食品ばかり続けて摂らないようにし、油脂や甘い物、環境汚染物質・添加物・農薬などにも注意が必要です。旬の素材でバランスのよい和食を基本にしながら、穀物や海藻などを添えてビタミン、ミネラルの豊富な食事を心がけましょう。

母親の食事内容は胎児や母乳を飲んでいる乳児に影響しますので、妊娠前から卒乳期を迎えるまでは、特に気をつけます。

母乳は、牛乳に比べてたんぱく質が少なくて炭水化物が多いので、赤ちゃんの未熟な消化管からでも吸収がよく、免疫成分の補給をして赤ちゃんの体を守ります。母親の食べた物に赤ちゃんは敏感に反応しますので、母親の食べ物は大切です。

母乳がどうしても出ない場合で、赤ちゃんに食物アレルギーを疑った場合は、医師に相談してアレルギー用ミルクに切り換えます。アレルギー用ミルクは何種類も製品化されているので、少量を試しながら使用します。

離乳食の与え方と食材選び

離乳食は、月齢だけでなく、運動機能の発達（寝返り、はいはい、一人立ちなど）や食べ方の発達（飲みこむ、舌の動き、噛むなど）を目安に、段階を追って進めます。母乳（ミルク）と同じ程度の濃度からだんだんペースト状にし、最終的に軟らかいパンや煮野菜などの固形物にします。離乳食作りには食材選びも重要です。

野菜は、キャベツや白菜などから始めますが、ほうれん草はアクが強いので避けます。食品は十分に加熱することで低アレルゲン化します。新しい食品は体調のよい日の午前中に試してみましょう。ただし、一度に二種類以上食べさせないこと。二日経っても、発疹、唇のはれ、下痢などがなければ次へ進めます。

一度に与える分量や回数を多くするとアレルギーの原因になることがあります。果物アレルギーの予防のため、果汁は七カ月以降になってから、白湯で薄めて様子をみましょう。味付けは、八カ月頃より自然塩をごく少量使い始めて、味噌・醤油は一〇カ月頃より様子をみながら加えていきます。

卵と牛乳は要注意です。乳児の食物アレルギーの原因として最も多いのは卵（特に卵白）と牛乳です。卵は、最初は固ゆでにして卵黄から少量で試してみましょう。乳児にハチミツは厳禁です。市販のベビーフードを利用する時は、これらの食品が入ってないか食品表示を確認します。

食品、調理法、摂取量、乳児の様子など、食物日記をつけることをお勧めします。栄養指導を受ける時の重要な資料になります。心配な時は必ず小児科医の診断と指導を受けましょう。

幼児期に気をつけること

食生活のポイントは、同じ食品を一回に多く摂りすぎないことです。また同じ食品を続けて食べないで、一定の間隔（四～五日以上）をおく回転食とします。食物が消化管を通過するのに約三日かかるため、体内に蓄積しないように間をあけます。この食べ方は、アレルギーの予防・発見・治療をする上で食物アレルギー対応食の基本です。

食品は加熱することで低アレルゲン化します。十分に加熱調理しましょう。油はオリーブ油、なたね油、しそ油などがお勧めです。ただし使いすぎないように。甘い物、砂糖の摂りすぎは化膿や、感染症を起こしやすく、腸内細菌叢《ちょうないさいきんそう》を乱しますので要注意です。食品を買う時は、食品表示・賞味期限を確かめること。食品添加物などが使われていないもので新鮮なものを選びましょう。体調の悪い時は仮性アレルゲン食品に注意し、またよく噛むことも大切です。

バランスのよい食生活を

カルシウムと鉄分が不足しないよう、小松菜、切り干し大根、ひじきなどを上手に毎日の食事に加えます。ごまアレルギーが増えていますので注意して使いましょう。

魚は一番使いたい食品ですが、アレルギーを起こすこともあります。魚の種類、新鮮さ、産地などを確かめて、まず天然の白身魚、それから背の青い魚を試してみます。

卵や牛乳が食べられなくても、鶏肉や牛肉は食べられることもあります。豚肉は大丈夫な場合が多いです。魚も肉も二〜三度ゆでこぼすとよいでしょう。和食を中心に旬の素材を生かし、使える食品を積極的に試してバランスのよい食生活を心がけましょう。

おやつも楽しく

おやつは、子どもの成長にとって栄養面からも大切なものです。卵・牛乳・小麦粉を除去していても、おいしいおやつは作れます。次の点に留意しながら挑戦してみてください。

①雑穀、いも、果物、乾果実（干しぶどうやプルーン）、野菜など、ビタミン・ミネラルの含有量の多い食品を使う。
②油脂、砂糖、食塩は控えめに。

③食品添加物が使われていないものを使う。農薬にも注意する。

おやつをセロハンで包んだりして、目先を変えるのもいいですね。子どももおやつ作りに参加できると、大きさ、重さなどを物差しやはかりを使って理解し、創造性が育ちます。

おやつは一日の栄養必要量の一〇～二〇%前後（平均一五%）、三～五歳では二〇〇キロカロリー前後を目安にして、決まった時間に食べましょう。忙しい時などは、市販のアレルギー用のおやつも、たまには利用してもかまいません。

食生活のポイント一〇カ条

①回転食で栄養バランスのよい食事を。個人差があるので、一人ひとりの個人対応食とするきめ細かさが必要です。

②素材は、国産で、季節のものを使うようにします。鮮度の落ちたものはアレルギーを起こしやすいので、新鮮なものを使用します。

③買う時は、食品の原材料表示を確かめ、添加物の多い食品は避けます。加工食品やインスタント食品などには、食品添加物が多く使用されています。食品に添加された化学物質は、腸の粘膜の抵抗力を弱める恐れもあります。

④油・砂糖の使用量を控えめにして、塩分にも注意を。市販のお菓子は特に要注意です。また、果物も控えめに食べましょう。
⑤加熱して食べます。煮たり焼いたりすると、たんぱく質が変化してアレルギーが起こりにくくなります。
⑥魚は、天然のものを使用し養殖は避けます。魚をどう処理しても過敏に反応する場合は、煮汁を二〜三回捨ててから味付けします。
⑦調理の際は、他の食品が混入しないように注意します。食器はもちろん、鍋、フライパン、まな板、包丁も、専用のものを用意するとよいです。
⑧体調が悪い時は、抗原の高い食品を避け、胃腸の負担を軽くしましょう。仮性アレルゲンの食品も、体調の悪い時や皮膚炎のひどい時などに摂取すると、炎症をさらに悪化させることがあります。
⑨妊娠中から気をつけます。胎児は母親の食べたものに影響されることがあります。家族にアレルギーの素因がある場合は特に偏食をしないこと、同じ食品を大量に食べないことなどの注意が必要です。
⑩家族団らんの食事は消化を助け、ストレスの解消に役立ちます。家族の協力が一番の味方になります。

代替食品を使っての調理実習と学習会の実施

食物アレルギーは、一人ひとり症状や除去する食品が異なるので、医師の指示を守り、「回転食」を基本として、あせらず、根気よく一歩一歩進めること、家族みんなで食べられる工夫をするなど心豊かに取り組むことを目標にしています。

身近な素材の代替食品を使って手軽に作れる料理教室を、年一回定期的に、そのほか必要に応じて開催しました。食品の選び方、調理法、食品表示の見方、加熱や消化による抗原性の変化等も同時に学んでもらいます。今までの実習や、指導した食生活のポイント一〇カ条を参考に、母親たちは創造性を発揮して料理の工夫をしています。

食品除去を行った場合、「子どもの栄養状態はどうか、栄養不足になっていないか」ということが、母親としては心配です。そこで、栄養成分表を使って、各自が子どもの摂取記録をもとに栄養計算をする学習会を開きました。母親たちは卵・牛乳・大豆を除去しても、使える魚や肉・緑黄色野菜・ひじき・エゴマなどから、たんぱく質や鉄・カルシウム等のビタミン・ミネラルも不足なく摂れることを学び、成長への心配はないと安心しました。さらに食品選択の目も養われました。例えば、卵が使えなくても、白身魚とカボチャで、そっくりゆで卵ができあがり、そのゆで卵を使ってスコッチエッグも作れます。色どりもきれいで、栄養面は卵に劣らず、味もおいしいので、歓声が上がりました。同じ材料を使って厚焼きや菜の花和えなど、料理の幅を広げられます。

「正しく知ろう、食物アレルギー」ミニフォーラム

食物アレルギーのことを一般市民に正しく知ってもらう活動もしました。二〇〇一（平成

アレルギー食のレシピ 1

スコッチエッグ

材料（1 個分）

すり身（イトヨリ）	50 グラム
タマネギ	20 グラム
カボチャフレーク	大さじ 1（カボチャなら 15 グラム）
ケチャップ	適量
ひき肉（豚など）	60 グラム
ニンニク	少々
ビート糖	少々
塩・コショウ	少々
ナツメグ	適量
片栗粉（タピオカ）	小さじ 2

作り方

1　魚のすり身を 3 対 2 に分けて、少ないほうにビート糖、カボチャフレークを加え、よく練る。

2　残りのすり身で、丸めた 1 のすり身を卵型に包み、15 分ゆでて冷水にとり冷ます。

3　みじん切りにしたタマネギをひき肉に混ぜ、塩・コショウ・ナツメグを加え、粘りがでるまでよく練る。ゆるいようなら片栗粉を加える。好みですりおろしたニンニクを加える。

4　2 の水気を拭いて、片栗粉をふる。そのまわりを 3 のひき肉で包む。

5　4 を 1 個ずつ丸めて形を整え蒸し器で蒸す。蒸せたらフライパンでころがして焼き色をつける。4 をオーブンで焼いてもよい。

アレルギー食のレシピ 2

ライスバーガー

材料（1 個分）

ご飯 ………………………… 100 グラム
ひき肉 …………………… 40 グラム
サラダ菜 …………………… 5 グラム
ニンニク ………………………… 1/2 片
塩・コショウ ……………………… 少々
ナツメグ ………………………… 少々

作り方

1　白米が炊き上がったら、（火傷に気をつけて）ご飯が熱いうちにこねる。
2　直径 6〜7 センチメートルくらいの丸い形にしてオーブントースターで表面が乾いて少し硬くなるまで焼く。（このとき焼きすぎないこと）
3　ひき肉はナツメグ、塩、コショウ、すりおろしニンニクを入れて粘りがでるまでこねる。2 のご飯より一回り大きい円型にうすくのばしてよく焼く。
4　サラダ菜は洗い、水気をとり、3 と一緒に 2 のご飯にはさむ。
※トマト、玉ねぎをスライスしてはさんでもよい

キャロットケーキ

材料（1 個分）

ひえ粉 ……………………… 40 グラム
ビート糖 …………………… 10 グラム
ニンジン …………………… 小さじ 2
アレルギー用マーガリン …… 小さじ 1
重曹 ………………………… 小さじ 1/4
レモン汁 ………………… 小さじ 1/4
リンゴジュース ……………… 30cc
レーズン …………………… 1 グラム

作り方

1　ボールにひえ粉、ビート糖、すりおろしたニンジン、アレルギー用マーガリン、重曹、レモン汁、リンゴジュースを加えてまぜる。
2　レーズンをぬるま湯でやわらかくする。
3　プリン型にアルミカップを入れ、その中に 1 と 2 を入れ、蒸し器で 15〜20 分蒸す。

「正しく知ろう食物アレルギー」
パネリストは医師・栄養士・食物アレルギー児の母親
（2001 年）

13）年二月一六日、第一四回ヘルシー船橋フェアのイベントを船橋保健所管内栄養士会（現船橋市栄養士会、以下同）主催で行いました。シンポジウムのパネリストとして、大学病院のアレルギー専門の小児科医師、食物アレルギー児を育てた助産院勤務の栄養士、除去食を行っている親の会の母親に発表してもらいました。司会は私がしました。赤ちゃんを抱いた若い母親や、自分の娘・孫とともに参加した人など、多数の市民が来場し、質問の時間もあり、参加者は家族の心のふれあいの大切さも含めて、食物アレルギーへの理解を深めました。

(3)　ぜんそく及びアレルギーを持つ子の親の会は「ぽぷらの会」です

「ぽぷらの会」を支援して

「ぽぷらの会」は船橋二和病院の小児科の患者会です。会員は、ふたわ診療所（船橋二和病院より移管）や系列の病院の診療所に通う、アレルギーを持つ子ども達の保護者で構成されています。発会より三三年経ちました。

会はボランティアで運営されています。会報『ぽぷら』を発行して、二〇一〇（平成22）年九月で一九五号が発行されています。宮部伸子氏が会長の時に一〇〇号を記念して、毎月の『ぽぷら』をまとめた四二〇ページを一冊にして発行しました。

内容はアレルギーについて医師や会員からの体験発表をまとめたもので、アレルギー児の日常に大変役立つものでした。

「ぽぷらの会」は「アレルギー料理教室」「栄養計算の学習」「夏の旅（合宿）」「入園・入学時の対応方法」「雑穀もちつき大会」等いろいろな行事をしてきました。現在は「おしゃべり会」や「イベント開催」「全国のアレルギーサークルとの情報交換」「メールによる会員相互の情報の共有化」を図っています。アレルギーに向き合う母親が一人で悩むことなく、いつも相談できる頼れる仲間がいることは、とても力強いことと思われます。

楽しみにしていたクリスマス会

「ぽぷらの会」のクリスマス会は、参加している両親や子ども達の自主的な計画で行われ、二〇〇〇（平成12）年一二月一七日で七回目を迎えました。毎年、母親が勉強して工夫して作ったものを持ち寄ります。すべての食材から卵・牛乳・豆類は除かれています。ケーキ・雑穀蒸しパン・きび団子・寒天ケーキ・シュウマイ・サラダなど、作品は豊富で、それぞれに使った材料のレシピが表示されていて母親たちに役立っています。レシピを見て、大きい子どもは自分が食べられるかを確かめて取り分けます。小さい子どもは母親が取り分けます。

当日は、小児科医師がサンタクロースになり、子ども達の歌や踊り、医師と父親たちによる楽器の合奏、母親たちが加わっての合唱、子どもを加えた参加者全員による歌などが披露されます。とても楽しい一日で、心に響くものがあります。子どもの心を育て、よりよい成長に役立つものと思います。

「ぽぷらの会」からの手紙

副会長であった竹田元子さんから嬉しいお便りが届きました。

アレルギー児であったお子様のすばらしい成長は嬉しいことです。竹田さんは御家族でお子様の食物アレルギーに取り組んでいらっしゃいました。アレルギーに対して特別なことを考えず、身近な材料を自然に調理することを工夫していました。

本田先生と出会って

「よくやっていますね、がんばってますね」

本田先生は、いつもそう言って迎えてくれました。

息子は、生後六ヵ月でアトピー性皮膚炎と診断され、二歳で喘息を発症しました。主治医からは、除去食を指示されましたが、当時は、除去食を実践しているものにとって、満足のいくレシピや情報がなく、周囲からは成長障害を危惧する言葉もあり、毎日の食事に

「これでいいのかしら」と疑問を感じていました。皮膚炎で赤くなった顔を苦しそうにゆがめて咳き込む息子を胸に抱き、先の見えない苦しみに悩んでおりました。

その時、市川市民診療所で本田先生の栄養相談を受けました。先生に指導していただいた除去食を実施し、食物日誌を作成して再度受診したときに、先生から前述の言葉をかけていただきました。その言葉を聞いた瞬間、今までの緊張が全身から一気に抜けて安心感に包まれました。そして、除去食を継続していく意欲と自信が生まれたことを、昨日のことのように思い出します。

その後、船橋二和病院でぜん息及びアレルギーの子を持つ「ぽぷらの会」の顧問をされていた先生にお世話になることになりました。先生の指導される除去食は、自然のものを、自然な方法で、その素材の持つ味を最大限引き出すように調理するものでした。私たち親も食物の持つ本来のおいしさを改めて知り驚きました。その一方で、ひじきのあんこや、魚のすり身のスコッチエッグなど、材料がまったくわからないほど変身させてしまうものもありました。これにより、献立のバリエーションが広がり、赤米[※1]を加えた赤飯を添えたお祝いの日の食事など、状況にあった楽しい除去食ができるようになりました。常に先生は、「これほど純ですばらしい食事をしていれば、何の心配もいりませんよ」と励まし続けてくださいました。栄養計算の指導などにより、数値上も安心と自信を持たせていただきました。

息子は、身長もすくすく伸び、中学三年間無欠席で、今春志望高校に入学し、勉強にスポーツ（水泳部）に毎日張り切っています。

二〇一〇年七月三一日

※1　赤米……古代米の一種。タンニン系の赤色素を含む品種。食物アレルギーで豆類（小豆）を使えない場合、赤飯として楽しめる

(4)　創造性を豊かにする食物アレルギー対応食の取り組み

「ぽぷらの会」で実施したアレルギー対応食の取り組みを二〇〇二（平成14）年二月、千葉県栄養改善学会で発表しました。ここではその要約を記載します。

【目的】
最近のアレルギー疾患の特徴は、自然環境の悪化や食生活の変化、化学物質の増大を反映して重症化、高年齢化などの形で現れています。

食物によるアレルギーは、人にとって生命維持・健康保持の上で大切な食べ物に対して免疫異常の反応が起こる疾患で、特に乳幼児に多く見られます。医師の正しい抗原診断のもとに指示されたアレルゲン除去（耐性がつくまでの一定期間、解除の場合も医師の指示を守る）は、最も合理的かつ有効な治療です。その効果は単に症状の改善のみならず、子ども及び家族のQOL[※1]も加味してなされなければなりません。

除去食実施に対する親の心配は、「精神・情緒面への影響」「成長発育への心配」「調理法を知りたい」などが主なものです。これら三点を基本として取り組んできたこととあわせて、「ぽぷらの会」の活動を報告します。

【活動方法】

一　親の会（一九八七年発足。現在の会員は九六家族、一一三人）にて二〇〇〇年一二月に会員にアンケート調査を行いました（回答率六九％、うち何らかの除去をしている八〇％）。設問は一〇項目。「食物除去を続けていくにあたり、不安と思われることは」の問いに対する回答の上位四点は、

①給食が対応されない（六九％）

②周囲の理解が得られない（五三％）
③社会的に対応ができていない（五一％）
④子どもの精神面や健全な成長（四九％）

でした。

二　アレルギー食の特徴を把握してもらいました。

①野菜・海藻の摂取量が多く、全体的にバランスがよい。
②砂糖・油脂の使用量は少ない——生活習慣病予防に効果的。
③回転食をするので、たんぱく質に片寄りがない。（除去する食品の主なものは卵・牛乳・大豆・小麦等である。魚や肉も種類によって使えないものもある。個人差が大きい）
④鉄分・カルシウムが不足しやすいので注意。（魚・海草・緑の野菜・エゴマ・雑穀などで補う）
⑤食品材料は新鮮で安全性を重視する。

三　代替食品による調理実習。栄養面及び調理上での見た目の色彩や形状も考えました。

A　食品の代替食品

①牛乳及び乳製品――アレルギー用ミルク・ココナッツパウダー、白菜・カリフラワー・かぶなどの白い野菜・じゃがいもなど、アレルギー用ヨーグルト（低減化ヨーグルト）・ヨーグルト（使える場合）

②豆腐――白身魚のすり身

③納豆――粘りの出るもの（めかぶ・オクラなど）

④調味料――アレルギー用醤油・味噌（雑穀味噌醤油・大豆ノン醤油・魚醤油・熟成期間の長いもの）・アレルギー用ソース・卵を使用しないアレルギー用マヨネーズ・酢（醸造酢・リンゴ酢など）・砂糖（甜菜《てんさい》糖）

⑤油脂――しそ油・なたね油・グレープシード油・オリーブ油など、アレルギー用マーガリン

⑥小麦――雑穀粉・タピオカ粉・サゴヤシ粉・低アレルギー小麦粉

⑦米――低アレルギー米・ファインライス・雑穀

B　色彩による代替食品

赤——人参・パプリカ・魚の色
黄——パプリカ・南瓜・菊の花
緑——緑の野菜・青のり
黒——ひじき・昆布
白——かぶ・カリフラワー
茶——使える肉・切り干し大根・椎茸（カンジタがない場合）

四　子どもの心を豊かにする祝いの日の食事・毎日の食事・手作りおやつ等の工夫
五　献立の立て方と、食物日記をつけながら必要に応じて栄養価算定の提唱（栄養状態の充足の安心や問題点の発見）
六　大きな楽しみのクリスマス会・夏の親子合宿・親子の交流
七　父親教室
八　ミニフォーラムの開催
九　毎月の学習会（食物だけでなくぜん息・心・漢方と多面的のもの）
一〇　会報『ぽぷら』毎月発行（現在一四二号、二〇〇一年一一月号）

【結果】

アンケート調査からも、「食物除去の問題点の解消方法は」の問いに対する回答の上位四点は、①「親の会の情報交換」（栄養相談も入る）が八八％と過半数を占め、②「家族の協力」が三七％、③「本・雑誌等の情報」が二九％、④「医師の指導」が二四％でした。また、親子が一緒に参加して作る料理講習会や各種活動でも、親も子も生き生きと楽しそうな姿が見られ、親の会の取り組みが効果のあることを認識することができました。

【まとめ】

親の愛情あふれる知恵を出し合った創意工夫は、心身両面からアレルギーの改善に役立っています。アレルギー食は、材料を吟味する中で、創意と発想を豊かにして、新しい料理の発見を親子共に喜び合える最高の食事ではないかと考えられます。アレルギーを持たない子ども達にも味わってもらいたい、安全で良質な食物です。除去食であっても、おいしく、栄養量も充足し、成長に心配のないことを学び、親も子も自信を持って日常生活を送っています。

子どもを取り巻く食と環境の複合汚染によってアレルギーの治りが悪くなっている現状があり、除去解除を医師に指示されるまでの期間が人によって長くなる場合もありますが、あせらずじっくり取り組んでもらいたいと思います。

※1　ＱＯＬ……クオリティ・オブ・ライフ、生活の質・内容

(5) 栄村「トマトの国」で　アレルギー児のサマーキャンプ

家庭栄養研究会（以下、家栄研と略す）が交流している長野県栄村の子どものための体験宿泊施設「トマトの国」では、食物アレルギーの子どもでも泊まれるように、家栄研と協力して準備を進めていきました。家栄研アレルギープロジェクトのメンバーとして、管理栄養士の私が関わっている船橋二和病院のアレルギーの子どもと親、病院関係者らが、一九九二（平成４）年の夏、「トマトの国」に行き、楽しい体験をしました。

以下、私の報告が掲載された月刊誌『食べもの通信』からの抜粋です。

食物アレルギーの子ども達が、除去食期間中でも安心して泊まれ、自然と集団の楽しい生活体験によって、心を育てるサマーキャンプを毎年実施しています。今年は、山に囲まれ雄大なすばらしい環境の「トマトの国」が受け入れてくれました。

夏休みに入って七月二十五日〜二十六日の一泊二日。参加者は、食物アレルギー児二十一名（主に卵、牛乳、大豆、米、小麦除去）、父母十三名、二和病院職員及びボランティア八名（医師一名、看護師二名、管理栄養士一名、栄養士一名、調理師一名、薬剤師一名、医療事務一名）の計四十二名。

観光バスで、二和病院を午前七時に出発。千葉県船橋から長野県栄村までかなり時間がかかりましたが、バスの中でもゲーム遊びなどで交流しながら現地に着きました。

イワナつかみ取りや炭焼きも

「トマトの国」では、じゃがいもとアスパラガスの収穫体験。特にアスパラは珍しいので喜ばれました。

そしてイワナのつかみ取り。全員一匹ずつつかまえて大はしゃぎ。取ったイワナは、夕食に塩焼きにし舌鼓を打ちました。

夜のキャンプファイヤーでは、炭作りを「トマトの国」の木村支配人が教えてくださり、できあがった炭はお土産に。帰宅してから炭絵が描けそうです。

食事は、アレルギー専用の調理器具と食器が用意してある別棟で私たちが作ります。五月にアレルギー食の研修をしていたので、スムーズに準備が進みました。

支配人さんをはじめ職員のみなさんの細かい心配りに感謝しながら、翌日は野外でバーベキューを楽しみ、帰途につきました。子ども達も楽しかったと大喜びでした。

楽しくおいしかったと評判の献立

おいしい空気の中での、おいしい食事は、まさに健康的で、心から清新になります。そして、子ども達の心に一生、夏の思い出として生き続けてくれることでしょう。そう思うと私たち調理スタッフは張り切りました。

献立の柱としては、次のことに留意しました。

①除去食と回転食が中心なので、その内容は一番除去食のある子を中心に考えました（牛乳・卵・大豆・豚肉・小麦・米）。米の除去は三名だったので雑穀の回転とし、他は米を使用しました。

②全員が喜んで食べられる子どもの好みを加えました。

③三食は同じ食品を使わず、食品のバランスのよい組み合わせに留意し、適切な栄養量も摂取できるよう配分しました。

④嗅覚、触覚、視覚などを働かせることによって、感性を育てることも心がけました。

⑤みんなで一緒に食べながら「よく噛む」ことも指導しました。

1992年サマーキャンプ献立

	メニュー	材料名
1日目　夕食	ご飯（粟飯）	米、粟
	魚のハンバーグ	メルルーサ、玉ねぎ
		タピオカ粉、天塩、胡椒
	(付け合せ)	ナタネ油
	ニンジングラッセ	ニンジン、ビート糖
	ブロッコリー	ブロッコリー，天塩
	マッシュポテト	ジャガイモ、天塩
	イワナ塩焼き	イワナ、天塩
	お浸し	チンゲン菜、雑穀しょうゆ
	カボチャポタージュ風	カボチャ、出し（あご、昆布）、天塩
	果物	スイカ
2日目　朝食	ご飯（キビ飯）	米、キビ
	みそ汁	生ワカメ、大根、醸造味噌
	魚塩焼き	マス、天塩
	青菜エゴマあえ	小松菜、エゴマ、雑穀しょうゆ、
		ビート糖
	カブ浅漬け	カブ、天塩
昼食	おむすび	米、ヒエ
	バーベキュー	馬肉、ホタテ貝、ピーマン
		生シイタケ、トウモロコシ、
		サツマイモ、ナス、長ネギ
		グリーンアスパラガス、キャベツ
		ナタネ油
	バーベキューのたれ	大豆ノンしょうゆ、ビート糖
		アップルソース、玉ネギ、ニンニク
		昆布だし
	生野菜サラダ	レタス、キュウリ、トマト、天塩、
	ドレッシング	天塩、リンゴ酢、ナタネ油、ビート糖
		梅干、大豆ノンしょうゆ

何といっても、自分たちのとったイワナの塩焼き、そして収穫したアスパラガスがバーベキューに加わって、子ども達は大喜びで、いつもより食事が進んだようでした。一人も具合が悪くならずに元気いっぱいの一泊二日でした。次回は二泊三日にしたいと話し合っています。

(6)　アナフィラキシーとは

過剰なアレルギー反応が起こることをアナフィラキシーといいます。原因となるものを食べる、触る、吸い込む、注入される（虫刺されや注射）などによって体内に入れてしまった後に、突然短時間のうちに進んでしまう全身の反応です。血圧が急激に下がり、生命の危機を伴う場合もあります。皮膚の表面に起こるじんましんに加え、深い組織で起こるため、全身がむくみ腫れ上がります。呼吸器や消化器、神経系、循環器などの内臓も腫れるため、臓器の機能異常を起こし、さまざまな症状となります。

アレルギー症状は原因物質との接触の後、

①早い場合は数分から多くは三〇分~二時間後から始まり、数時間で収まっていく即時型（はっきり型）及びそれに続く遅発型の場合と、

②五～六時間以上経ってから始まり数日続く遅延型（かくれ型）の場合が混在して起こります。アナフィラキシーなど重症の場合は①の反応が短時間に急激に起こり、救急車で病院到着の前に致死的な状況になってしまうことがあります。

アナフィラキシーは全身の臓器が浮腫（むくみ）を起こし機能失調になった状態で、原因としては、アレルゲン食物を摂取しただけで起こるアナフィラキシーと、アレルギーのある食品を食べた後に運動をすると起こる食物依存性運動誘発性アナフィラキシーの二つがあります。後者については小麦とエビが原因となる場合が多いです。

アナフィラキシーは、日本語に訳せば「急激に進行する全身型の重症アレルギー」で、過去にアレルギー疾患があった食物が原因になったり、小児・中・高校の入学時期・思春期はもちろん、今までアレルギー疾患を経験しなかった人でも突然起こることがあります。アナフィラキシーは生命にかかわるもので発症時早急に適切な治療を受けることが大切です。事前に知識があるか、発病時の対策が考えられているかが非常に大切です。

(7) 正しく知ろう食物アレルギー「二〇〇六」

二〇〇六（平成18）年船橋市栄養士会として食物アレルギー研修会を八回講座で開催しまし

た。研修会の内容は次のとおりです。講師陣は、河野泉先生（アレルギー担当、現市川市民診療所非常勤）、下条直樹先生（現千葉大学大学院医学研究院小児病態学）をはじめ、この道の権威のある方々です。

二〇〇六（平成18）年

第一回　八月一一日

食物アレルギーの歴史と先駆者として三〇年余りアレルギーの診療に携わった河野泉先生の苦労や大人のアレルギーについてくわしく話されました。

第二回　九月二八日

アレルギーの子を持つ親の会の代表としてお子様の食物アレルギーの体験談や、全国調査を基にした保育所・学校給食での対応、社会や社会的対応について

第三回　一〇月二日

第四回　一〇月三〇日

食物アレルギーの定義・病態検査・診断・発病予防・アナフィラキシーの対応などについて

第五回　一一月二六日

毎日の診療の中での栄養指導について

第六回　一二月一一日

魚のアレルギーについての興味あるお話
二〇〇七（平成19）年
第七回　五月二七日
教育現場における食物アレルギーの取り組みについて
第八回　七月二二日
アレルギー最新情報

一九七〇（昭和45）年代頃から小児のアレルギー疾患が増加し、食物アレルギーが増えてきました。しかし、アレルギーを専門とする医師は少なく、食物アレルギーの定義や診断・治療もまちまちの感じがありました。
厚生労働省科学研究班による「食物アレルギーの診療の手引き２００５」が一般医師向けに発表され、二〇〇五（平成17）年一一月に日本小児アレルギー学会・食物アレルギー診療ガイドライン作成委員会による『食物アレルギー診療ガイドライン』が発刊されました。

大切なこと

栄養士会としても千葉県船橋保健所管内栄養士会の時代から食物アレルギーの研修会は数回

行っておりますが、この発表にともない現時点での食物アレルギーについての知識を正しく理解することの必要性を感じ、この講座を企画しました。

食物アレルギーが一般の病気と違うのは、医師の診断と指導による食事療法が中心となり、管理栄養士・栄養士は、使えない食品の除去・代替食品の使用・調理法の工夫・栄養不足にならない配慮・除去食品の解除の方法・アナフィラキシーの対処など食物アレルギーの知識を高め、医師の指示に基づき患者や親への対応の充実を図ることが大切だという点です。

二　糖尿病患者と共に

世界の糖尿病者は〈二〇一〇（平成22）年〉、二億四六〇〇万人と推定され、日本では四〇歳以上の三人に一人は糖尿病が疑われるという報告があります。

日本史に登場した最初の糖尿病患者は平安時代、摂政関白として絶大な権力を持った藤原道長といわれていて、一九九四（平成6）年に神戸で開催された国際糖尿病学会の記念切手の図柄になっています。私はこの学会に参加して、美食との関連が、遠い時代から述べられてきたことへの驚きと感慨を今でも覚えています。

食事と運動がポイント

一度糖尿病になると、現在では完治の治療法は見つかっておらず、一生治療しなくてはなりません。ですから、いかにして糖尿病を予防するかが大切です。また、治療もきちんと続けなければ、合併症が発症して進展、重症化し、死に至ります。現在、糖尿病患者が増えているのは、食生活の変化と、車の普及によって歩くことが少なくなり、運動不足を招きやすい生活環境になってきたことが影響しています。日本人の糖尿病は大人になってから徐々に進行する2型糖尿病が多く（罹患者の九五％）、糖尿病になりやすい体質をもった人が高脂肪食・食べ過ぎ・飲み過ぎ・運動不足・肥満・心身のストレスの増加といった生活を続けていると、血糖が増加し、インスリンの分泌が不足し、効きも悪くなり、糖尿病になってしまいます。

糖尿病の予防と治療の基礎は、食事と運動です。総摂取量を適正化し、脂質・たんぱく質・炭水化物をバランスよく摂り、運動を行い、肥満を防ぎ、全身の細胞のインスリン感受性を高めることが基本です。予防が大きなウエイトを占める2型糖尿病は、健康的な食事により自分の意志でコントロールできるものです。

食事のポイント

まず自分の標準体重を知り、体重をコントロールすることが重要です。標準体重は、身長（メートル）×身長（メートル）×22で算出します。なお、体格指数（ＢＭＩ＝ボディマスインデックス）は体重（キログラム）を身長（メートル）の二乗で割った数値です。25以上を肥満としており、最も健康で長生きできるのは22とされています。現在の自分の体重と、算出された数値と比較して多い時は、食生活を見直し、運動量を増やします。標準体重一キログラムに対して必要なエネルギー量は、成人では二五〜三〇キロカロリーを目安にします。年齢、性別、活動量、体重など考慮し個人によって異なります。肥満の場合同じＢＭＩであっても、皮下型肥満（下半身・洋梨型）と内臓型肥満（上半身肥満・リンゴ型）に分けられます。内臓型肥満は糖尿病、高血圧、高脂血症、動脈硬化症に関連があるといわれています。ウエスト（腹囲・へその周囲）が男性八五センチメートル以上、女性九〇センチメートル以上だと内臓型肥満を疑います。ベルトの穴が一センチメートル伸びれば寿命が一年縮むともいわれます。

　例えば、身長一六〇センチメートルの場合、標準体重は五六・三キログラムとなり、普通の作業強度なら、必要エネルギー量は一六八〇キロカロリーとなります。

　次に、食事作りについて具体的に紹介します。

①適正エネルギー量を決めます（医師の指示による）。

②栄養バランスを考えます。

食事の量だけでなく、食事の質も重要です。一日の食事で三大栄養素をバランスよく摂ることです。炭水化物（五五〜六〇％）、たんぱく質（一五〜二〇％）、脂質（二〇〜二五％）が目安です。特に、高脂肪食はインスリン抵抗性を引き起こすため、二五％以上にならないようにしたいものです。なお、微量栄養素であるビタミン・ミネラルにも留意します。

③食事バランスを考えます。

主食（ごはん・パン・麺・いもなど）と、主菜（魚・肉・卵・大豆及び大豆製品など）、副菜（野菜・海藻・きのこ・こんにゃくなど）、適量の果物を組み合わせた食事は、良好な栄養バランスへつながります。

④薄味を心がけ、食物繊維も不足なく摂ります。

食塩は一日六グラム以下にとどめます。ナトリウムイオンは食欲促進作用がありますので、薄味により食事量を是正できます。食物繊維は血糖のコントロールに効果があるといわれており、満腹感も与えられます。一日二〇グラムは摂りたいものです。食物繊維は、穀類（大麦・精製されていない玄米）や大豆・海藻・野菜・果物に含まれています。

⑤外食やテイクアウト、レトルト・加工食品への対応を考えます。

外食等は、油や砂糖が多めに使われる傾向にあるため、エネルギーの高いメニューが多く、味も濃く塩分も過剰になるので注意します。揚げ物は衣をはがすなどして、脂質は一日の総エネルギーの四分の一以下にとどめることを忘れないことです。野菜を多く摂れる定食スタイルが、外食等の中ではお勧めです。麺類の時は、具の多いものを選び、ご飯は小盛りにするか、残すことも必要です。スープはポタージュよりもコンソメを選び、味の濃いものや、中身がわからないものは避けることです。どんなに忙しくても、外食は一日一食にしましょう。外食ではどうしても野菜が不足して偏りが出てしまいます。家庭での食事の調節を心がけましょう。

⑥生活リズムと食事を考えます。

朝食は必ず食べて、昼食、夕食との一日三食を規則正しく、一定の間隔をおいてとり、食事の時刻も毎日同時刻になるように努め、やむを得ず食事と食事の間隔が長時間になる場合は、一日の総エネルギー量の範囲内で間食をとります。すい臓に一度に大きな負担をかけないためにも、規則正しく、「少量を頻回食で」ともいわれています。

⑦食べ方に気をつけます。

一度にたくさん食べる〝どか食い〟や、早食いをやめて、ゆっくりとよく噛んで食べる習慣を心がけることが、食後の高血糖の改善につながるため、糖尿病の予防や治療の上から必要です。

糖尿病予防のための食生活のポイント一五カ条

①食事量は、体にあった分量で、いろいろな食品を組み合わせ、栄養バランスよく食べます。

②一日三食決まった時間に、よく噛んで食べます。歯を大切にし、歯周病を予防します。

③まとめ食いや、ながら食いはしません。満腹になるまで食べ過ぎません（毎日一定時間に体重測定を）。

④毎食、主食（ご飯・パン・そば・うどん・スパゲッティなど）は必ず摂ります。

⑤たんぱく質は、魚・肉・大豆製品（大豆・豆腐・納豆など）と卵などを適量摂ります。

⑥野菜を多く摂ります（緑黄野菜を十分に）。

⑦食物繊維の多い食品を摂ります（精製されていない穀物や野菜・海藻・きのこなど）。

⑧油の多いものは少量にします。フライ・天ぷらの回数を減らします。

⑨間食や食後に糖分の多いものは摂りません。

⑩果物を食べ過ぎません。

⑪糖分の入った甘味飲料・清涼飲料は避けます。

⑫薄味で食塩は少なめにします。

⑬夕食は就寝の二時間前までに。また、寝る直前には食べません。

⑭酒は飲んでも週二回（ただし、症状により禁止）。
⑮タバコはやめます。

運動について

血糖値が上昇する食後に運動すると、筋肉の細胞のブドウ糖の取り込み量が特に上がるので、血糖値の低下に効果的です。できれば、毎食後三〇分ぐらい経ったら約三〇分間歩く習慣をつけるとよいでしょう。また、有酸素運動（エアロビクスなど）で体内に十分な酸素を取り入れる運動は、体内のブドウ糖の利用をよくします。ウォーキング（速歩）、自転車こぎ、水泳、ラジオ体操など、全身の大きな筋肉を使う運動を一日二〇～六〇分、持続的に週三～五日くらい行うとよいといわれています。一日三〇分以上（一〇分程度のものを組み合わせてもよい）の運動を毎日行うことを心がけます。そのほか、運動を始める前の準備運動や、終わってからの整理運動として、ストレッチングや体操も行います。これにレジスタンス運動（筋肉運動）を加えると効果的です。

年齢の高い人は、有酸素運動を始めようとしても、足や腰の筋力が低下していて有効に運動できないものです。下肢を中心とした無理のない筋肉トレーニングを行うことで筋量・筋力が増し、歩行が早くなる可能性もあります。腹筋、背筋、足の上下動、手の押し合い、引き合い、上下など運動の強さは、その人が行える最大強度の四～六割程度の運動が目標になります。

運動強度は運動中の脈拍数を測ることによってわかります。酸素摂取量は心拍数（つまり脈拍数）と相関関係を示しますので、脈拍数を測れば運動の強さがわかります。最大酸素摂取量に相当する最大心拍数は「二二〇マイナス年齢」がおよその目安になります。四五歳なら二二〇―四五＝一七五で、一分間に一七五回の脈拍が最大なので、その四～六割程度の七〇～一〇五の範囲なら適度です。運動開始から五分後に脈拍を測ります。運動中の自覚症状として、ややきつい程度、運動中やや呼吸が荒くなるが会話は可能といったレベルです。

運動量は一日の摂取エネルギーの一〇～二〇％くらいを目標にします。一日平均三〇〇キロカロリーくらいです。一日の摂取エネルギーが一六〇〇キロカロリーなら一六〇キロカロリーになり、ご飯で軽く一杯、どら焼きなら五分の四個くらいになります。ちょっとした間食でも、そのエネルギーを消費するのは大変です。忙しくても、エレベーターやエスカレーターは使わず、階段昇降を心がける、家と駅の間は可能なら歩く、仕事の合間にダンベル体操や簡単な筋肉トレーニングをするなど、工夫しましょう。一日に一万歩を目標にしたいものです。いつでもどこでも、無理なく楽しく、一人でも長続きする運動をしましょう。

なお、運動する時は水分補給を忘れないことが大切です。また、糖尿病の合併症や治療法等により運動が制限される場合もありますので、糖尿病を治療中の方は主治医に相談して指示を守りましょう。無理をして症状を悪くする場合もあります。

運動の効果

運動の効果は、次のとおりです。
①筋肉や持久力を鍛えることで、基礎代謝を上げ、太りにくい体をつくります。
②血液の循環をよくします。
③ブドウ糖の消費を増やして血糖値を下げます。
④インスリンを効率よく利用できるようにします。
⑤脂質代謝を改善し、動脈硬化を抑えます。
⑥ストレスの解消と規則正しい生活のよりどころになります。

毎日継続して行う運動は、たくさんの効果をもたらします。

以上のことに気を配り、食事の摂取エネルギーと運動の消費エネルギーのバランスをとりながら、糖尿病にならないよう努力しましょう。よりよい生活習慣で、心豊かな日々を送りましょう。

三　歯周病と他の疾患との関係

二〇〇八（平成20）年の六月と七月、歯科医師の川村広成先生（千葉県保険医協会理事）を講師に、船橋市栄養士会で連続して開催した学習会の内容をまとめました。

他の病気との関係

歯ぐきを破壊して血流内に入り込んだ歯周病菌は、全身に運ばれます。心筋梗塞の疾患場所から採取されるバイオフィルム（細菌集団）に、患者の口の中の歯周病菌と同じ細菌が、かなりの頻度で検出されています。手足の指先が腐ってしまうバーチャー病の部位からも歯周病菌が検出され、話題になりました。血管壁に侵入したバイオフィルムは炎症を引き起こし、血管をもろくします。糖尿病の場合、免疫力の低下が歯周病を悪化させますが、歯周病もインスリンの感受性を邪魔し、血糖コントロールの不良を引き起こすとみられています。

体力が落ちた高齢者で口腔清掃状態の悪い人は、歯周病菌が唾液中に大量に混ざっていて、これが継続的に誤嚥《ごえん》され、肺内粘膜の表面に付着して、炎症を引き起こします。さらには、呼吸器病原菌が合同してバイオフィルムを形成し、肺胞内上皮細胞内で細胞変性を誘発しながら、肺胞内全体に広がり、誤嚥性肺炎になるのではないかと考えられています。

女性に多い骨粗鬆症と慢性歯周病は、明らかに関連があることが、最近わかってきました。特に、閉経後には女性ホルモンであるエストロゲンの分泌が低下するために、骨代謝調節の機能が低下してしまい、骨密度を減少させる炎症性サイトカインを慢性歯周病菌が持続的かつ大量に放出すると、影響を受けやすい環境になってしまうからだと考えられています。今後さらに、いろいろな病気と歯周病との関係が明らかにされていくと思われます。

歯周病と糖尿病の関係

以前は、糖尿病患者は歯周病になりやすく進行も早いと認識されていましたが、最近は逆の関係、すなわち歯周病の進行が糖尿病を悪化させることがわかってきました。歯周病が関係する病気は糖尿病だけではありません。高齢者の誤嚥性肺炎や骨粗鬆症などにも関わりがあるのです。

歯周病とはどのような病気なのでしょうか。口の中にはもともといろいろな種類の細菌がいます。これらが食後、口の中に残ったものを栄養源として増殖し、歯ぐき、さらには歯を支えている歯根膜《しこんまく》（歯根と歯槽骨の間にある膜様組織）や歯槽骨《しそうこつ》（歯根のはさまっている上下顎骨）を破壊していく病気が歯周病です。これらの菌、歯周病菌の集団は、ヌルヌルしたのり状物質の膜で覆われています。この膜は、人が本来持っている免疫力で壊すことはできません。消毒薬や抗生物質も、この膜を通過することはできません。

歯周病を予防するには

何よりも、食事の後ていねいに歯磨きをすることが一番大事ですが、朝の寝起きに歯を磨くこともとても大切です。唾液分泌量が少なくなる睡眠中は、口腔内の細菌増殖が最も盛んだからです。口をすすぐだけでも、かなり菌を減らせます。何もしないで朝食を食べてしまうと、食事と一緒に菌も飲み込んでしまいます。

唾液にはいろいろな働きがありますが、虫歯や歯周病の原因になるバクテリアを殺し、食べかすを洗い流し、口腔内を清潔にしてくれるのも唾液です。しかし、軟らかいものばかり食べて、あまり噛まずに飲み込んでしまうと、唾液は十分に出ません。何よりも、よく噛むこと。噛みごたえのあるもの、よく噛まないと飲み込めないものを、食事に加えることが大事です。

歯周病を防ぐ食生活

唾液の働きを活発にさせるため、よく噛む必要がある食材を選ぶこと。生野菜、漬け物、リンゴ、きのこなどは、噛んでいるうちに歯の表面をきれいにしています。現代は、インスタント食品やレトルト食品など、あまり噛まなくても食べられるものがあふれています。よく噛まないと食べられないもの、噛んでいるうちに歯の汚れを取り除いてくれるものを、合わせて食べることが大切です。

四　クローン病　～船橋市保健所に協力して～

千葉県船橋保健所（現 千葉県船橋市保健所）では、当時の保健所長であった小倉敬一先生が、クローン病で困っている方々に目をとめて、クローン病治療に取り組んでいました。保健師と栄養士が共に指導できる体制があったことが背景にあり、船橋市保健所管内栄養士会も栄養・食事の面で協力しました。

クローン病の患者さんの集まりもできて、調理講習会や栄養摂取量を把握するため、栄養計算にも取り組みました。

若い人に増えるクローン病

クローン病とは、一九三二（昭和7）年、米国のクローン医師らによって初めて報告された疾患です。どのような病気かといえば、小腸や大腸に潰瘍ができ、それにともなって腹痛や下痢が生じるもので、現在話題になっているクローン動物などとはまったく関係ありません。

日本での患者数は、難病手当受給者数で見ますと、一九七六（昭和51）年は一二八件でしたが、一九九八（平成10）年度末では、一万六七八一人に急増しています。クローン病は消化器内のいたる所で病変が現れますが、特に小腸や大腸（中でも回腸下部から上行結腸まで）によく発症します。

症状は非常に多岐にわたっており、患者さんごとに症状や発現パターンはさまざまですが、腹痛、下痢、発熱、体重減少、腹部腫瘤、痔瘻《じろう》などが特徴的な症状です。ただ、これらの症状は徐々に発現してくるため、クローン病と診断が確定するまでに一～三年を経てしまうことがあり、患者さんにとっては、あちらこちらの病院を受診するなど大変苦痛を味わうことが多いと聞いています。診断基準が整理されたとはいえ、今でも原因はわかっていないため、状態の悪い急性期から比較的状態のよい緩解《かんかい》期に移行させることはできますが、完全に治す方法はありません。一度発病するとその後、長期にわたって病気とのつきあいを続けなければなりません。しかし、食事や生活、ストレスなどを上手にコントロールすれば、状態のよい緩解期を維持することができます。患者さんやそのご両親で作っている患者会等では、結婚して元気に子どもを出産したという、嬉しい報告も聞かれます。クローン病の診断は、問診、血液検査、X線検査、内視鏡検査等がありますが、まずは日常的に自分の健康状態を知ることが大切です。腹痛、発熱、便通回数、排便状況、便の性状、体重の変化などに心配材料があったら、すぐに専門医に相談してほしいと思います。

クローン病は、若い世代に多く発症することが特徴の一つといわれています。病状の増悪期は入院して高度の医療を受けており、食事の心配はありませんが、病状が回復し、職場や学校、家庭に戻った時に、どのような食事をするかが、緩解期をどれだけ継続できるかの鍵となります。厚生省研究班では栄養療法を第一に選択すべき治療法と位置づけていますが、若いがゆえにコントロールの難しさもあるのではないでしょうか。

栄養療法というのは、成分栄養剤による栄養補給を中心に、状態のよい時に低脂肪・低残渣《ざんさ》食を組み合わせて、緩解期を保っていこうとする治療法です。成分栄養剤と経口食との組み合わせ方や、食事内容、使用できる食品などは、個人個人の病気の程度や体質によっても異なりますが、緩解期を維持する食事のポイントは、アレルギー食に非常に似ていると私自身は考えています。油や砂糖類の過食によって症状の悪化が見られることなども共通しています。

ある程度のエネルギーは成分栄養剤で摂り、残りを低脂肪・低残渣食で補うスライド方式が、最も実践しやすい方法と考えられていますので、アレルギー食を念頭に入れながら、それぞれの状態に合わせて食事を工夫してほしいと思います。

船橋保健所では、在宅患者さんとそのご家族が自己管理を継続していけるように、栄養士が支援体制を組み、食品の選択や調理法などについて具体的な提起を行ってきました。それによって多くの患者さんを励ましてきたと思います。

栄養療法の基本

①必要なエネルギーを確保しましょう。

②食事中の脂肪量を減らしましょう。

脂肪の摂取量が多いと、腸管運動を亢進《こうしん》し、下痢の原因にもなります。炎症を抑えるといわれているn―3系脂肪酸（魚・青魚・しそ油・エゴマ油）や、消化吸収しやすい中鎖脂肪酸（マクトンオイル）を中心に摂り、炎症を重症化するといわれているn―6系脂肪酸（ナッツ類、リノール酸を多く含む植物油）は控えめにしましょう。

③低残渣食に心がけましょう。

水溶性食物繊維（リンゴ・バナナ・桃などに含まれるペクチンやわかめ、昆布茶、昆布のぬめりに含まれるアルギン酸）は下痢を軽くします。難水溶性食物繊維（豆・山菜・きのこ・ひじき・硬い昆布・ごぼう・こんにゃくなど）は避けましょう。

④たんぱく質は、良質で消化のよい物を食べましょう。

肉類は脂肪が少なくて軟らかいものを選びましょう。魚類は脂肪の少ないものや白身魚を選びます。クローン病では、たんぱく質が食事性抗原になりうるため、摂りすぎに注意しましょう。

⑤乳糖を含む食品に注意しましょう。
　潰瘍性大腸炎では、乳糖不耐症を合併する頻度が高いので、牛乳・乳製品の摂取を減らすか中止したり、乳糖が分解してある牛乳やヨーグルトを摂取するなど注意しましょう。
⑥アルコール類・炭酸飲料・カフェインの入った飲み物や、香辛料、インスタント食品は控えましょう。

五　大麦摂取による高脂血症患者への取り組み

総コレステロール値を下げる

コレステロール値が高い人にとって、毎日どのような物を食べたらよいのかを考えることはとても大切です。主食がそのまま治療食になっていれば一番都合がいいと、誰しも思うのではないでしょうか。私の場合は農業の経験が少しあるため、農作物自体が持っている治療効果に強い関心がありました。ある時、家庭栄養研究会が主催した東京での講習会で、講師の国立健康栄養研究所食品科学部長の池上幸江先生（現　大妻女子大学名誉教授）が次のようなことをおしゃいました。「私は高脂血症の患者に対する大麦の治療効果を研究しようと思っているのですが、どなたか研究に協力してもいいという方いらっしゃいませんか」。私は早速、申し出ました。

先生はすでに他の方との共同研究で、大麦には、「人及び動物において、正常及び糖尿病患者のいずれにおいても、血糖値に著しい効果がある」ことを究明していました。さらに先生は、麦飯が男性高脂血症患者の血清脂質改善に著しい効果があることも学会に発表していました。しかし、その効果が麦飯（大麦）自体から生じたものなのか、それとも麦飯を含む食事全体から生じたものなのかは、発表した時点では明らかになっていませんでした。今回そのことを究明されようとしていたのです。

調査の対象者は、船橋在住で、医師から高脂血症と診断され栄養指導の依頼があった患者のうち、麦飯摂取を希望した人、まだ高脂血症に対する薬物投与を受けていない人、いずれも閉経後の女性で、平均年齢五〇・六歳、平均体重四九・九キログラム、平均身長一四九センチメートルの一五名です。

調査方法は、まず大麦の特選米粒麦(黒い条線と呼ばれている大麦の中央にある黒い線に沿って粒を二つに切断したもので、米と合わせて炊いた時に米とよく混ざる）と、コシヒカリの精白米を五〇％ずつ合わせて炊き、一つを二〇〇グラムとしてパックして冷凍します。これを調査対象者に毎日二回、二週間食べてもらいます。調査の前後各一週間を含めた合計四週間にわたり採血し、血清脂質を中心に分析します。実験の結果、次のようなことがわかりました。

大麦は、健常者の血清脂質にはまったく影響を与えませんが、高脂血症者に対しては総コレステロール値を下げる効果が見られ、しかもその効果はコレステロール値の高い者ほど著しい。さらに、この効果は一過性でなく大麦摂取終了後もしばらく続きました。

池上先生は、大麦食品の普及によって国民の健康増進に寄与することを目的に、ご自身が中心となって二〇〇五（平成17）年七月に「大麦食品推進協議会」を発足させました。会のパンフレットの内容の一部を紹介します。

大麦食品は生活習慣病予防の決め手です!!

五十年前の私たちの食卓では、麦ご飯はごく当たり前に見られました。その頃の日本人は、最近設定された目標値を超える食物繊維を摂取していました。なぜならば、大麦は精白米の二十倍もの食物繊維を含んでいるからです。

大麦の食物繊維は、便秘解消に役立つだけではありません。血中コレステロールの高い人では、これを下げたり、血糖値を適正に保ったり、あるいは大腸内の環境を整えたりと生活習慣病予防にはまさに打ってつけの食品です。

大麦のすばらしい健康性

①大麦は、精白米の二十倍、玄米の六倍の豊富な食物繊維が腸の調子を整え、その

働きを高めます。
②大麦の食物繊維は、水溶性と不溶性をバランスよく含みます。不溶性は主に便秘に効き、大腸の働きを活発にします。水溶性は血糖値やコレステロール値を下げる働きがあります。どちらもバランスよく含むのが大麦です。
③大麦に含まれるβ—グルカンは水溶性食物繊維の一つで、高脂血症や糖尿病の予防効果があることが、国内外の研究者によって明らかになっています。大麦穀粒の中心部分に多く含まれるので、大麦を精白してもその価値は下がりません。

さらに、最近いただいた先生のお手紙には、次のようなことも書かれていました。

アメリカ、ヨーロッパでの大麦……最近アメリカ合衆国やヨーロッパの国の中で、大麦の生理効果が注目され、大麦を一定量以上含む食品には「コレステロールを下げて、心臓病のリスクを下げる」と書くことを許可し始めました。今のところ日本ではこうした表示は許可されていませんが、多くの人々に大麦の良さを知ってもらいたいと思います。

第6章

栄養士会と私

一　現代の問題と栄養士の役割

栄養の大切さを広く一般の人に理解してもらうため、そして栄養士という専門職の必要性を政府に認めさせるため、先人たちはどのような努力をしてきたのでしょうか。

戦後の食糧不足解消とともに浮上してきた栄養士不要論、第二次臨時行政調査会の依頼を受けた行政管理庁が出した栄養士免許制度の廃止と登録事務の民間委譲の方策、これらは栄養士にこの職業の社会的役割を改めて考えさせることになったのではないでしょうか。朝食抜きや孤食が特に珍しいことでなく、ファストフードやコンビニの弁当が一般的な現代、狂牛病、汚染米、産地偽装などの問題が次々と報道されています。先進国ではメタボという言葉が一般的になる一方で、開発途上国では億単位の人々が食糧不足で命を脅かされています。地産地消が推奨される一方で、農産物輸入自由化、さらには後継者不足に加え、従事者の高齢化が著しいことから農業を続けていくことがますます困難になっています。食料自給率は（エネルギー換算）四〇％という現状です。食物生産の土台である地球自体が、温暖化、砂漠化、海洋汚染などのため深刻な状態にあります。

栄養士は今後、どのような意識と心構えを持って仕事をしていったらいいのか、これについて日本栄養士会の会長、中村丁次氏が非常にわかりやすく説得力を持って語られていますので、まずそれを引用させていただきます。なお、これは氏が、社団法人日本栄養士会の法人設立五〇周年記念式典の会長挨拶で話されたものです。

栄養士は、一九一七（大正6）年、アメリカに誕生しました。世界中の人々が世界大戦の影響で食糧不足による栄養失調に悩んでいた頃であり、栄養学の知識を有した専門職は貴重な存在だったようです。一九一四（大正3）年に佐伯矩《ただす》博士は日本人の栄養改善の重要性を考え、私立の栄養研究所を設立しました。この研究所では、エネルギー代謝を中心に研究が進められると同時に、食糧不足に悩む国民に対して、新聞やラジオ等を通して、栄養の普及活動が行われました。しかし、研究を進歩させるだけでは、すべての国民の栄養状態を改善することは困難でした。そこで、佐伯博士は、栄養の実践的指導者による徹底した食生活の改善が必要だと感じ、一九二五（大正14）年に栄養学校を設立したのです。翌年、第一回の卒業生十五名が誕生し、世に送り出されました。我が国における栄養士の誕生です。

一九四五（昭和20）年、厚生省令に「栄養士規則」が制定され、二年後に「栄養士法」となり、栄養士が国家資格として正式に認められました。一九四五（昭和20）年に設立された大日本栄養士会は、戦後に、現在の日本栄養士会と改名され、一九五九（昭和34）年に社団法人となり、今年で五十年になります。戦前、戦後を通し、低栄養問題は深刻な問題でした。しかし、この問題を我が国は、食糧の輸入や生産性を向上すると同時に、栄養士による栄養改善運動により、短期間に、しかも地域や貧富に関係なく、すべての人々に対して平等に解決したのです。

戦後の低栄養問題が解決した時、もはや我が国には栄養問題は存在しないと考えられ、栄養学・栄養士不要論が議論されました。日本栄養士会は、このような意見に猛然と反対したのです。栄養問題がなくなっていたのではなく、問題が複雑化、多様化、そして個別化したのです。食糧事情の好転により、過食による肥満、生活習慣病が多発するようになる一方で、傷病者や高齢者、さらに若年女性に新たなタイプの低栄養障害が見られるようになったからです。栄養状態の低下を放置すると、成長、発育が悪化すると同時に、薬や手術による治療効果が低下し、QOLが低下し、入院日数が増加し、結局、医療費や介護費を増大させることがわかってきたのです。

二十一世紀の直前、厚生労働省に「二十一世紀の管理栄養士等あり方検討会」が設置され、広範囲な分野の代表により一年以上の議論が行われました。検討会は、管理栄養士には、人間栄養学に基づいた専門教育が必要であり、マネジメント・ケアによる栄養状態の改善を目標とした栄養管理を行うべきであると結論づけたのです。

二〇〇〇（平成12）年、栄養士法の改正が行われ、管理栄養士が登録制から免許制になり、受験資格の見直しが行われ、管理栄養士の業務範囲が示され、それに基づいて養成カリキュラムも改正されました。医療では入院栄養管理実施加算や栄養指導への取り組みに、福祉領域では栄養ケア・マネジメントの実施に、さらに、保健領域では特定健診・特定保健指導にと、私どもの役割が国の政策に確実に組み込まれるようになったのです。八十四年前、たった十五人から始まった日本の栄養士も、今や六万人の会員を有する世界最大の栄養士会を組織するまでになりました。昨年は、第十五回国際栄養士会議を開催し、優れた国際会議であったということで、日本政府観光局から表彰されることになりました。このように発展できたのは、先輩の皆様方の努力の賜物であると、心から感謝申し上げます。

ところで、私は学校を卒業して、すぐに新宿にある小さな診療所で栄養相談を一人で始めました。肥満や糖尿病、高血圧などの患者さんに栄養相談をし、体重を三～五kg程度減少させれば、血糖や血圧は確実に下がり、薬の量が減少してきたのです。このことは、私だけではなく多くの栄養士達が、経験的に気がついていました。しかし、当時、学会や社会に発表する機会はありませんでした。栄養食事指導料についた診療報酬も、一時間指導してわずか五十円でした。

社会がその価値を認め、新たな時代を切り拓くのには、科学的根拠と社会的正義に基づいた専門職としての強い信念が必要なのだと思います。しかも、その壁は間違いなく、現場で働く、管理栄養士・栄養士の経験によって越えることができるのだと信じています。

私どもは、今後、すべての人々に対してより身近な栄養の専門職として、確かな知識と技術、さらに人間としての倫理に基づいた実践活動により、人々が健康で幸せになれるように努力しなければなりません。学校給食を通して栄養教育を進め、「栄養ケア・ステーション」を立ち上げ、人々が気軽に相談できる場を作り、医療や看護の領域では、悩める人々のそばに寄り添って栄養ケアが実施できる仕組みを作る必要があります。

そして、これから百周年を迎える次世代への準備も必要です。栄養士の創設期の先輩達が見たことも考えたこともなかったことで、今後、重要になることは何なのでしょうか？　おそらく、当時の人々が見たことがないものは、月から見た地球ではないでしょうか。人類を含めてすべての生物はこの地球という船に乗り、すべての人々はこの中で生産できる食糧で命をつなぎ、誰も下船することはできません。この地球上では、約十六億人が太り過ぎ、約四億人が肥満に悩み、逆に約十億人が栄養不足で、毎日約二万五千人が餓死しています。個人が健康であるためには、家族や地域、さらに国が健康でなければならないのです。そして、そのためには地球が健康でなければなりません。地球をこれ以上傷つけない栄養を考える必要があります。残飯の出ない献立や食事の管理が必要であり、肥満は食糧の無駄使いであり、過度な肉食はエネルギー効率の悪い食べ方であり、穀類や野菜の摂取量が減少することは地球上から緑を減少させることにもなります。今後、私どもが健康で生存可能な生活をするには、限られた資源と空間の中で、調整・評価する科学が必要なのかもしれません。……（以下略）

二　栄養士の歴史年表

今後に向けて、私がまとめた栄養士の歴史（年表）を次ページから記します。

栄養士の歴史年表

西暦	和暦（年）	事項	備考
一八七一	明治 四	テオード・ホフマン（ドイツ軍医）らが来日 栄養学を日本に紹介する	廃藩置県
一八七二	五	群馬県富岡製糸場で三〇〇人の給食開始する	
一八八二	一五	内務省衛生局はエイクマン（オランダ薬学・化学者）に陸軍士官学校及び刑務所の食品分析を行わせる	
一八八四	一七	海軍軍医総監 高木兼寛が脚気予防のための兵食に麦混合を採用する	
一八八六	一九	森林太郎（森鴎外）が論説「日本兵食論」を著す	
一八八九	二二	山形県忠愛小学校で昼食給食を開始（学校給食の始まり）	大日本帝国憲法発布
一九一〇	四三	鈴木梅太郎 米糠よりオリザニン発見する	
一九一四	大正 三	佐伯矩 私設の栄養研究所を開設して研究と栄養思想の普及に当たる	
一九二〇	九 九月	内務省に国立栄養研究所設置（現独立行政法人国立健康栄養研究所）される	

一九二一	大正一〇　三月	栄養学会設立される	
一九二二	一一	国立栄養研究所 日本人の栄養要求量を決定発表する 佐伯矩指導の下、東京市立小学校八校にて保健・体位向上を目標に給食開始される	関東大震災
一九二四	一三	慶應義塾大学医学部に食養研究所設立	
一九二五	一四　二月	佐伯矩により佐伯栄養学校開設 陸軍糧秣廠関係有志による糧友会発足 食糧栄養問題に関する普及啓蒙	
一九二六	一五	栄養学校第一回卒業生一五名が「栄養手」と呼ばれ世に出る 糧友会機関紙「糧友」を発刊 食糧・栄養・調理に関する啓蒙運動を展開する	
一九二七	昭和二　二月	東京はじめ五大都市の衛生試験所に栄養研究の部門が設置される	
一九二九	四	内務大臣名をもって『国民栄養ニ関スル件』が指示事項として取り上げられる	
一九三二	七	文部省 学校給食臨時施設方法（訓令）を発令	五・一五事件
一九三六	一一	東北六県 衛生課に国庫補助による栄養士を設置する	二・二六事件
一九三七	一二	保健所の設置に際し、栄養士による栄養改善指導開始を定める	支那事変勃発

一九三七	昭和一二		香川綾により「女子栄養学園」（現香川栄養学園）開設	
一九三八	一三		厚生省発足に伴い、栄養行政は内務省から厚生省に移管される	
一九三九	一四	四月	財団法人「糧友会」食糧学校を開学　米穀配給統制法公布（米の配給制開始）	
一九四〇	一五		食糧報国連盟より日本国民食栄養基準を発表　国民体力法制定　文部省訓令 学校給食奨励規程制定	
一九四一	一六		厚生科学研究所国民栄養部「日本人栄養要求量標準」を発表	真珠湾攻撃／太平洋戦争開戦
一九四二	一七		厚生省研究所官制公布　国民栄養部となる	
一九四三	一八		日本学術振興会　国民の栄養基準を作成する	学徒出陣
一九四五	二〇	四月	栄養士規則及び私立栄養士養成所指定規則公布 栄養士資格を地方長官の免許制として公式に定める。免許は厚生大臣の指定した養成施設（修業期間は二年以上）を卒業した者又は厚生大臣が行う栄養士試験（受験資格として一年以上の実務見習いが必要）に合格した者に対して、申請により公布される。ただし右の厚生大臣の指定及び試験実施の権限は昭和二〇年七月戦時特例施行規則により地方長官に委譲	
		五月	大日本栄養士会創立　八月終戦に伴い日本栄養士会と改称	

西暦	和暦	月	事項	社会
一九四五	昭和　二〇		科学技術審議会：年齢・性別戦時必需熱量及び必需たんぱく質作業別戦時栄養規準を発表する	第二次世界大戦終了
		一二月	連合軍最高指令官の指示により、東京都内で栄養調査が実施される	
一九四六	二一		ララ（Licenced Agencies for Relief of Asia）救援物資が占領軍を通じて配給され物資量は昭和二七年までに一六・七〇〇トンに達する	
		一二月	厚生省公衆保健局に栄養課が新設される。文部、農林、厚生三省通達に基づき放出物資による戦後の学校給食が開始される。	
一九四七	二二	一二月	栄養士法公布（昭和二三年一月一日施行）栄養士資格が法制化される 免許は厚生大臣の指定した養成施設（修業期間は一年以上。二五年に改正）を修了した者に対して、申請により都道府県知事が公布する	
一九四八	二三	四月	保健所法施行令公布により保健所に栄養士配置が指定される	
		一一月	医療法施行規則により一〇〇床以上の病院に栄養士配置が規定される	
一九四九	二四	二月	第一回栄養士国家試験が実施される	湯川秀樹にノーベル物理学賞
		六月	国民食糧及び栄養対策審議会（経済安定本部）日本人年齢、性別、労作別栄養（熱量及びたんぱく質）を発表する	
		一一月	栄養改善普及運動が実施される	

一九五〇	昭和二五	三月	栄養士法一部改正　栄養士養成施設の修業期間及び試験の受験資格として必要な見習い期間を二年以上とし栄養士の知識と技術の向上を図る	
一九五二	二七	七月	栄養改善法公布 国民栄養調査の実施 栄養相談所及び栄養指導員の設置 集団給食施設での栄養士又は栄養指導員の指導、特殊栄養食品の標示許可 栄養審議会の設置等について規定され栄養行政の中核となる	
一九五四	二九	六月	学校給食法公布　学校給食の実施について国も補助等について規定	第五福竜丸ビキニ環礁で被爆
一九五八	三三	二月	栄養改善法一部改正　特定多数人に対して継続的に食事を供給する 施設における調理は栄養指導員又は栄養士がいる場合にはその栄養指導に従って行わなければならない旨の内容の規定が追加される	
一九五九	三四	二月	社団法人日本栄養士会設立認可される	伊勢湾台風／皇太子ご成婚
一九六一	三六	四月	国際栄養士連盟に加盟する	「もう戦後ではない」以後生活の欧米化が進む

一九六二	昭和三七	九月	栄養士法一部改正　管理栄養士の資格が新設される	
一九六三	三八	二月	管理栄養士登録別となる	
一九六四	三九	四月	徳島大学医学部に栄養学科が設立される	第一八回夏季東京オリンピック開催
一九七四	四九		学校給食法一部改正　学校給食に栄養士の配置が義務づけられる	小野田寛郎さん帰還
一九七五	五〇	八月	第一〇回国際栄養学会議 京都にて開催される	
一九七七	五二		健康増進普及運動が発足する	王貞治七五六号ホームランを達成
一九七八	五三	二月	栄養改善法一部改正　国民栄養調査の実施権限を保健所を有する市（区）にあっては市（区）長に、都道府県知事から委譲される	成田空港開港
		四月	第一次国民健康づくり対策開始される	
一九八二	五七	九月	「第二臨調の答申による栄養士免許制度廃止」反対運動を推進する	
一九八四	五九	七月	厚生省組織改正により栄養課から健康増進栄養課と名称変更	グリコ・森永事件
一九八五	六〇	九月	栄養士法一部改正 管理栄養士国家試験制度の制定により管理栄養士の登録資格として国家試験の合格が義務づけられる栄養改善法一部改正　都道府県知事の制定する集団給食施設への管理栄養士必置規定の制度化が義務づけられる 「健康づくりのための食生活指針」策定・公表される	
一九八七	六二	七月	第一回管理栄養士国家試験実施される	国鉄分割民営化

一九八八	昭和 六三	一〇月	第二次国民健康づくり「アクティブ80ヘルスプラン」開始される	
一九九三	平成 五	四月	公衆衛生審議会「健康づくりのための運動指針」策定される	Jリーグ開幕
一九九四	六	七月	栄養改善法一部改正　栄養改善に関する事項についての相談及び栄養指導の実施について、都道府県から市町村へ移譲される	
一九九八	一〇	七月	厚生省保健医療局健康増進栄養課が「地域保健・健康増進栄養課」に変更される	第一八回冬季長野オリンピック開催
二〇〇〇	一二	三月	「食生活指針」策定（厚生省、農林水産省、文部省の三省合同による） 健康日本21の策定（厚生省二〇〇〇年から一〇年計画で進めるため総合計画）	
		二月	栄養士法一部改正　管理栄養士制度登録制を免許制とする	
二〇〇一	一三	一月	省庁再編により厚生省は労働省と合併して厚生労働省となる	アメリカ同時発テロ事件発生
二〇〇二	一四	八月	健康増進法公布される	
二〇〇三	一五	五月	健康づくり国際会議開催（京都）される 健康増進法施行される。これに伴い栄養改善法廃止される	
二〇〇五	一七	六月	食育基本法施行　厚生労働省 農林水産省「食事バランスガイド」を策定・公表する 学校教育法の一部が改正され 栄養教諭制度が創設される	

二〇〇六	平成一八	七月	「健康づくりのための運動指針二〇〇六——生活習慣病予防のために——」策定・公表される	
二〇〇七	一九	四月	新健康フロンティア戦略及びアクションプラン策定——二〇〇七年から一〇年計画で実施（内閣官房・内閣府・文部科学省・厚生労働省・農林水産省・経済産業省）	
二〇〇八	二〇	九月	第一五回国際栄養士会議（ICD二〇〇八）横浜にて開催される	世界金融危機始まる
二〇〇九	二一	二月	健康増進法施行規則一部改正	
		一二月	社団法人日本栄養士会設立五〇周年記念大会式典・祝賀会を開催する	

「参考文献・資料」により作成

三　社会に認められた栄養士の誕生

日本に栄養学がもたらされたのは、一八七一（明治４）年。ホフマン[※1]らにより栄養学が日本に紹介され、エイキマン[※2]により食品の分析技術も紹介されました。一八七二（明治５）年、群馬県富岡製糸場での三〇〇人の給食開始が集団給食の始まりで、一八八四（明治17）年、軍医

総監 高木兼寛が脚気予防のために、配食に麦混合食を採用したという記録があります。「食育」の祖と呼ばれている「石塚左玄」や、「栄養」の祖と呼ばれている「佐伯矩《ただす》」など、明治・大正時代は新しい日本を作る傑物が多く輩出しています。私たち栄養士の成り立ちは、栄養学の祖、佐伯矩博士の先見性と実践に大きく負っていると思われます。大正の初期（一九一〇年代）に始まった栄養に関する研究は、発展期にあった日本国民の体位向上の問題、富国強兵の軍事的要求、さらには農村や工場労働者の保健指導等を含めて国民全体の問題となり、国家行政の課題として取り上げられ、一九二〇（大正9）年には内務省の付属機関として国立栄養研究所が設置されました。一方、民間においては一九二五（大正14）年、佐伯矩博士が国に栄養学校の建設を依頼しましたが、予算がないので自費で建設するならといわれ、自費で栄養学校を設立されました。そして、一九二六（大正15）年に十五名の卒業生が「栄養手」という呼称で世に出ました。これが栄養士の始まりです。しかし、この「栄養手」は当時は国家的身分ではなく、保障もなかったのです。

一方、陸軍糧秣本廠関係有志によって発足した糧友会では、栄養に関する啓蒙宣伝のため、一九二六（大正15）年に『月刊糧友』を発刊しました。講演会も頻繁に開き一九二九（昭和4）年には大規模な展覧会を開催しています。さらに一九三九（昭和14）年には食糧学校を設立し、栄養科を開設、以来、本格的に栄養士の養成を行いました。同年、香川学園でも栄養士の養成が始まりました。当時の富国強兵、国民の体位向上という時代的要請から、栄養士の業務は次第に社会的な必要性を帯び、その重要性が認められ、それに伴って栄養士の活動分野も広がりました。一九四五（昭和20）年二月には、栄養士の業務に携わる技術者は全国で一二三〇名に達していました。（社団法人 日本栄養士会編「栄養士のあゆみ」より）

※1　ホフマン……ドイツの軍医。栄養学はドイツ医学の一分野

※2　エイキマン……オランダ人の科学者。薬学者、化学者でもあった

しかし、栄養士の身分等には法令上の定めが与えられていなかったため、栄養士の身分や業務を明らかにし、その資質の向上を図るための法的規制を早急に確立することが要請されていました。

栄養士規則と栄養士養成所指定規則が制定されたのは、太平洋戦争の末期でした。世相は苛酷《かこく》を極めており、両規則とも運営の実を上げないうちに八月一五日終戦となりました。

日本栄養士会は、二〇〇九（平成21）年一一月一二日、社団法人設立五〇周年を迎えました。社団法人になる前を加えると、日本栄養士会が設立してから六五年になります。

一一月二四日に記念式典と祝賀会が帝国ホテルで行われ、その際、私は五〇周年会員として

表彰されました。帝国ホテルは日本栄養士会（当時は大日本栄養士会）の設立総会が開かれたところでもあるのです。この設立総会は、米空軍による日本本土大空襲の時期に行われたもので、物資のない中を森川規矩栄養士会常務理事が、鯛のお頭つき・お赤飯を一五〇人分、千葉市で作らせてホテルに持ち込んだとお聞きしました。

一九四五（昭和20）年、五月二一日の総会事務を担当された厚生省の平井博技官（栄養士）は、翌二二日、千葉市の森川規矩邸に出向き諸経費の精算をして東京に帰られた際、東京大空襲で焼夷弾に後頭部を直撃され、即死されるという痛ましいことが起こりました。現在の日本栄養士会誕生の恩人として永遠に忘れられないことであると、社団法人設立五〇周年記念誌で述べられています。

このような世情のもとに、厚生省の局長を会長に、課長を理事長とした、半官半民の日本栄養士会が生まれました。

戦争末期と終戦後の食生活の混乱は栄養士の活躍をより必要なものとしたため、栄養士法は戦後はいち早く一九四七（昭和22）年一二月二九日、法律二四五号をもって公布され、翌一九四八（昭和23）年一月一日から施行されることになりました。一方、旧「私立栄養士養成所指定規則」も失効となり、これに代わるものとして「栄養士法第二条」「栄養士法施行令第四条」及び「栄養士法施行規則第二章」等において栄養士の養成施設について詳細に規定され

（左）日本栄養士会副会長 千葉県栄養士会会長 長谷川克己氏と（下）50 年会員表彰状

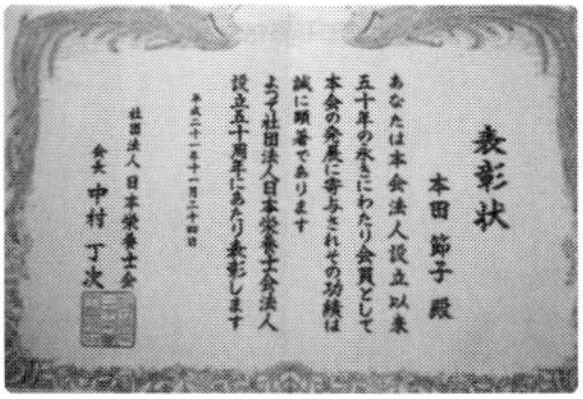

ることになりました。

昭和二二年の栄養士法制定当時は、栄養士養成施設として制定されたものは、わずかに一八施設でした。

管理栄養士が創設（厚生大臣への登録が施行）されたのは、一九六四（昭和39）年四月一日のことでした。管理栄養士は栄養士免許の取得者が前提で、栄養指導業務における複雑困難な業務を行います。四年制の管理栄養士養成施設卒業者は無試験で、また実務経験により管理栄養士試験の受験が免除されるという、無試験登録制度がありました。この制度によって、私も一九八五（昭和60）年二月に管理栄養士登録をしました。

一九八五（昭和60）年四月に、栄養士・管理栄養士の業務の高度化、特に医療分野における食事療法の重要性等に伴い、管理栄養士の資質の担保を主目的として、栄養士試験の廃止（養成施設卒業者に限定）とともに、管理栄養士の無試験登録が廃止されて、管理栄養士の登録はすべて国家試験合格者に限定されました。

一九八七（昭和62）年七月に第一回管理栄養士国家試験が行われました。その後二〇〇〇（平成12）年四月に栄養士法の改正が行われました。この改正により管理栄養士の業務が明確にされ、登録制から免許制、養成の高度化、受験資格の見直しなどが行われました。これにより、栄養管理は物から人間栄養学を基本とした人が対象になり、他の医療スタッフと共に医療チームの一員として働くことのできる資質を備えることができるようになりました。

二〇〇二（平成14）年四月から改正栄養士法が施行され、新しい管理栄養士養成カリキュラムによる養成が開始されました。栄養士法改正以降の管理栄養士・栄養士を取り巻く社会環境の変化は、かつて経験したことのない激しいものでした。

栄養改善法は、

①国民栄養調査の実施
②栄養審議会の設置
③栄養相談所と栄養指導員の設置
④集団給食施設における栄養士の確保
⑤特殊栄養食品の表示許可

などについて規定され、国民の栄養改善の基本法になりました。

その後、栄養改善法は、幾多の改正が行われ、二〇〇三（平成15）年五月一日からは「健康増進法」にその内容を盛り込み、健康づくりの基本法として現在に至っています。

二〇〇三（平成15）年五月から健康増進法が施行されましたが、これは栄養改善法に代わる国の健康づくりのための基本法で、「健康日本21」などの国の健康づくり施策を推進するための根拠となるものです。健康増進法には、「特定給食施設の栄養管理」の項が設けられていますが、栄養管理にマネジメントサイクルが導入され、集団の中の個人を対象とした栄養管理の実施が規定され、立入検査、改善命令、罰則までが定められています。

医療機関、社会福祉施設、学校などの特定給食施設に勤務する管理栄養士・栄養士は、健康増進法に定められる特定給食施設の栄養管理を十分に理解した上で業務にあたることが業務を改善・充実する上での基本になります。

二〇〇四（平成16）年七月には、教員免許法が改正され、栄養教諭が創設されました。そして、翌二〇〇五（平成17）年四月、栄養教諭が誕生しました。都道府県により栄養教諭の配置状況にはかなりの差があるので、実績を積み上げ、理解を得る中で配置の促進に努めることが必要になっています。

同年一〇月から介護保険における介護報酬が改定され、「栄養ケア・マネジメント加算」が創設されました。高齢化が進む中で、低栄養は老化を早め体の生活機能を低下させ、生活の質を著しく悪くすることから、関係職種が共同して対象者の栄養状態を把握し、これに基づいた個別の栄養ケア計画を作成し、食事の摂取を把握するとともに、一定の期間ごとに栄養状態を把握・評価して、評価に基づいた対応をすることが介護報酬の面から重視されることになったものです。

二〇〇六（平成18）年四月の診療報酬の改定により、「栄養管理実施加算」が創設されました。これは、介護保険における「栄養ケア・マネジメント加算」と同様の内容で管理栄養士の栄養管理が「実施加算」として設けられたものです。

二〇〇八（平成20）年四月から高齢者の医療を確保する法律に基づき、医療保険者に特定健診・特定保健指導が設けられました。生活習慣病の増加は、医療費の増加や寝たきり、認知症の増加などにつながることから、メタボリックシンドロームの概念を導入し、健診の結果に基づいて対象者をリスクに応じて階層化し、リスクに応じた保健指導を展開することになり、保健指導は医師・保健師・管理栄養士が行うことになっています。

これにより、保健・医療・福祉の分野において管理栄養士の業務が確立されることになりました。

二〇〇九（平成21）年四月から改正学校給食法が施行されました。今まで学校給食法は、一九五四（昭和29）年に施行されて以来、幾多の法改正が行われてきましたが、今回の改正はかつてない大きな改正になりました。

改正の要点は、法律の中に従来の「学校給食の実施」に加え、「学校給食を活用した食に関する指導の実施」が規定されたことです。また、法律の目的には「学校給食の普及充実」に加え、「学校における食育の推進」が規定されました。さらに、従来の学校給食の「四項目の目標」が整理・充実され、食育の観点を踏まえた新たな項目も加わり、「七項目の目標」になりました。

これにより学校給食が栄養補給のための食事にとどまらず、学校教育の一環であるという趣旨がより明確になりました。

また栄養教諭の役割、学校給食の実施基準や衛生管理基準なども法制化されました。

このように二〇〇〇（平成12）年四月の栄養士法の改正以来、栄養士を取り巻くさまざまな分野で法律の制定・改正を含め制度が強化されてきました。これはとりもなおさず、管理栄養士・栄養士への期待であり、求められるものは多くなりますが、研鑽に努めその責務を果たすことが必要であると思います。

四　千葉県栄養士会病院栄養士協議会の中で

～創立五〇周年記念集会でシンポジウムのパネリストとなって～

千葉県栄養士会は、内部に各種専門分野の組織を有しています。行政（千葉県衛生部・保健所・市町村に勤務する栄養士）、病院、学校健康教育、福祉（老人部・児童部・心身障害部）、集団健康管理、地域活動、研究教育――の七つの協議会に分かれており、栄養士はそれぞれ勤務している職場を中心に、いずれかの協議会に所属します。

私が現職中から長く所属しているのは、病院栄養士協議会です。栄養士会が行ってきた事業の一つにテレホン相談があります。私は相談員として一年に四、五回、県民からの相談にあたり、四年くらい続けました。食物アレルギーについては他の相談員からの依頼もあり、特に詳しく相談にあたったことなどが思い出されます。

病院栄養士協議会は、一九九九（平成11）年六月に創立五〇周年を迎えました。ここでは、五〇周年記念講演会で、私がシンポジウムのパネリストの一人として発表したものの後半部分（病院勤務の栄養士として働くようになってからのこと）を掲載します。

臨床栄養活動の過去・現在・未来　～輝ける未来とするために～

《臨床栄養活動に加わって》

「食」という字は、人を良くすると書きます。いくつか職場は変わっても、食を中心とした仕事は、その後の臨床栄養活動を展開する上で大きな力になりました。

一九六四（昭和39）年末から船橋の南浜病院に在籍し、臨床栄養活動に入りました。

病院給食の流れは千葉県病院栄養士協議会の創立五〇周年記念誌『五〇年の歩み』に集約されていますが、一九五〇（昭和25）年九月、完全給食制度が創設され、また、医療法施行規則によって一〇〇床に一名の栄養士必置基準が示されました。南浜病院は三〇床と小規模でしたが、初めて手がけた病院での仕事は新たな意欲をわきたたせられました。一九六六（昭和41）年には基準給食の承認を受け、一九六八（昭和43）年に疾病別の個人指導及び集団指導を実施し、一九七三（昭和48）年には入院患者の夕食時間を五時三〇分にと、目標に向かって業務を展開することができました。

一九七八（昭和53）年二月の診療報酬改定では栄養食事指導料（五点。一点が一〇円）が新設されました。これは良かったのですが、日本栄養士会が反対していた冷凍医療食加算（一〇点）は新設されてしまいました。栄養士会では退院時栄養食事指導料加算の要望書を提出するなど、問題の多い中で会員は結束して真剣な取り組みを展開しました。

栄養指導用の資料の作成も熱心に行われ、長谷川克己氏（現日本栄養士会副会長・千葉県栄養士会会長）の提案で永井千代子氏と私が協力して作成した資料が、社団法人 千葉県栄養士会栄養指導研究委員会名で全県下に配布されました。忘れられない思い出です。

一九八一（昭和56）年五月、船橋二和病院が開設され、ここが新たな診療の拠点となりました。新病院建設の際の栄養指導室や患者食堂設置の基本的な考え方も、それまでの歩みの中から生まれました。

保温保冷配膳車は一九九〇（平成2）年に導入することができました。また、国立健康・栄養研究所の食品科学部長、池上幸江先生と、大麦やとうもろこしの血清脂質に関する共同研究ができたことも喜びです。

一日一回は必ず病棟訪問を行い、検査室で検査法や検査データと食事の関わりを学び、手術にも立ち会わせていただくなど、貪欲に学んだ日々を懐かしく思い起こすことができます。

《チーム医療の一員として》

南浜病院では一九六五（昭和40）年代から医師を中心に院内の各職種が参加したチーム医療の取り組みが始まりました。カンファレンスに参加してお互いの専門性が理解される中で、職種間の意思の疎通が図られ、栄養指導の記録をカルテに記載することが可能になり、患者さんの病状を的確に把握することにより指導の幅を広げることができました。また、他部門の理解と協力を得て、外来待合室を利用して食品や糖尿病食を展示し、啓蒙宣伝なども行えるようになりました。

チーム医療の一員として、全職種での症例検討会や学会発表にも積極的に参加しました。これらにより、多くを学び、それはまた、望ましい形で医療の中に還元されていったと思っております。

こうした流れを経て、予算の関係でなかなか一冊にまとめることができなかった食事基準集を、記念として退職時に自費で製作することにしました。これまでに実施してきた治療食を分類整理して『治療食基準集』を作成し、今後のチーム医療の充実を願って各科職員に進呈しました。

《これからの臨床栄養活動に望むこと》

一九六五（昭和40）年代の後半、当時、南浜病院の若き院長であった高橋稔先生から、「栄養士も医局にある医学書を読破する必要があるのではないか」と指摘されました。この言葉が深く心に残り、以来、自身の目標ともなり、各種学会への積極的な参加に始まり、あらゆる機会をとらえて栄養士としての専門性を高めるべくひたすら勉強を心がけました。「授業料は一生必要である」との考えからでした。それは仕事への自信につながり、常に一〇年先を展望して活動ができたと思っております。

日進月歩の医学・医療に遅れることなく学び、自身の職務に生かしてゆくべきだと思います。また、総合的な知識と疾病別専門性の追求も大切ですから、クリニカルサービスとフードサービスなどの任務分担も必要ではないかと思います。

おいしく食べてもらえる工夫は、食べてこそ治療につながるからです。生きる基本を熟知した上で、個人対応の幅を広げ、栄養士の病棟活動の分野も定着させたいものです。

二一世紀は医師のパートナーとして医療職に正式に位置づけされるよう、一人ひとりが日々真剣な取り組みで実力を付けていかれることを願っております。多くの仲間と共に成長し、社会的評価を得ていただきたいと思います。

後輩のみなさん、「明日への目標」を持ってがんばってください。

五　船橋での栄養士会の結成と活動

千葉県船橋保健所管内栄養士会から船橋市栄養士会への発展経過

船橋保健所管内栄養士会は一九六八（昭和43）年に設立されました。前年、保健所栄養士の協力を得て管内の栄養士の有志が管内に勤務する栄養士及び在住する栄養士に呼びかけたものです。栄養士の資質向上と、地域の中できめ細かな栄養改善を行うマンパワーの育成を目的として、活動が始まりました。

会は年間の事業計画に基づき、個人会費をもって運営されてきました。一九六八（昭和43）年四月の設立より、二〇一〇（平成22）年の今日まで四二年間活動をしています。

会が設立された当時は、国内の社会情勢が安定し、やがて高度経済成長期を迎える前の時期であり、栄養問題も量から質を考える時代へと大きく変わる情勢にありました。

今では、地域のニーズに応えて、婦人会や商工会等が開催する各種催し物に相談コーナーを設け、さまざまな業務依頼やボランティアなどに指導者を派遣するなど、地域における活動を積極的に展開しています。

一九七三（昭和48）年からは、船橋保健所管内の食に関する団体（栄養士会、調理師会、集団給食協議会）の共催で「健康づくり食生活展」を行い、その全体のまとめ役として尽力してきました。一九九六（平成8）年からは「ヘルシーふなばしフェア」の実行委員会に参加し、今日に至っています。

一九七八（昭和53）年度より、船橋市長から管内栄養士会長宛に公文書にて市の栄養指導への協力が依頼され、市の各種病態栄養教育・一歳半健診・母親学級等へ会員を派遣して、市の若い栄養士を側面から支え、事業の成果を上げるよう努力しました。

会では新しい知識の研修や情報交換を通し、お互いに研鑽し合い、専門職としての意識の高揚と資質の向上に力を注ぎました。

一九八九（平成元）年六月二〇日には、「県民の日」を記念した「市民の健康を考える大会」において、実績を評価され、千葉県知事賞を受賞しました。その後も、常に新しい研究発表や自己学習も呼びかけ、時代に遅れることなく、地域住民である船橋の人々の生活習慣病の予防と健康づくりに役立つよう邁進しています。

二〇〇三（平成15）年四月一日より、船橋市が中核都市となり、千葉県船橋保健所から千葉県船橋市保健所となったことから、当会も、船橋市栄養士会へと名称変更を行いました。今まで同じ管内であった鎌ヶ谷市は習志野保健所管内に移りました。

栄養士会が行ってきた主な活動を記します。

一九六八（昭和43）年、会設立。公民館・婦人会・デパートの相談コーナーへ指導者を派遣。
一九七三（昭和48）年、船橋保健所管内「健康づくり食生活展」を共催。会員親睦のためのドッジボール大会、バス見学旅行、鎌ヶ谷市への協力も実施。
一九七八～二〇〇二（昭和53年～平成14）年度、船橋市及び鎌ヶ谷市の栄養指導事業に協力。「鎌ヶ谷市民健康フェア」に協力。
一九九六～二〇一一（平成8～23）年度現在、「ヘルシー船橋フェア」実行委員会に参加。

クローン病をはじめ各種事業への協力、「健康ちば21」の実践など、地域での栄養活動を推進。

健康で安心して暮らせる食生活への取り組みが示すように、管内栄養士会の特徴は、行政、病院、学校、福祉（高齢者福祉、保育）産業、地域活動という各分野で活躍する管理栄養士・栄養士で構成されていることです。各職域分野間の連携もあることから、各分野が一体となって栄養の専門家集団を目指し、幅広い情報を得たり発表し合ったりする場となっています。

現在まで、地域の食生活改善、健康づくりの普及・啓発、会員の資質向上、親睦等を目的として、必要な事業に取り組んできました。

管内栄養士会は、船橋保健所に勤務された代々の栄養士の方々からの指導、援助、協力によって、今日の発展を迎えることができました。当初は会報も、保健所の栄養士が夜なべにて鉄筆で手書きしたものを、会員が謄写《とうしゃ》版でローラー印刷していました。そんな時期を経て、今日ではパソコンに入力した原稿を印刷所へ依頼するようになりました。

現在では、前述の千葉県病院栄養士協議会船橋地区と共催で研修会を開催するまでに成長しました。一例をあげますと、二〇〇五（平成17）年には「糖尿病連続一〇回講座」を夜開催したことです。管理栄養士・栄養士が学び成長することは、多くの方々への幸せにつながることなのではないでしょうか。今、日本栄養士会で提唱されているように、食物栄養学から人間栄養学へと深めていくことが望まれると思います。

　このようにして一歩一歩、前進の歴史を経過してきました。四二年間にわたり地域に根差した栄養活動を展開してきました。

第7章

社会の中で「食」を考える

一 「噛む」ということ

食と関わって六五年、千葉県を中心に活動し、また全国を何カ所も歩きました。それだけ多くの人とも出会いました。世の中はいろいろ変化し発展してきていますが「食」の基本は変わりません。

かつて私の船橋二和病院の健康まつりでの講演を聞きにいらした方から、その後、「噛む話が印象的だった。徳川家康は、三〇回噛むことによって天下を取ったことを、いつも思い出して噛んでいる。噛む回数が少なかった日は『損をした』と思ってまた次からよく噛むようにしている」と言われ、嬉しくなったことがあります。食にまつわる私たちの助言を毎日の生活に取り入れ、何年も実行され、健康維持に役立てて下さっていることは、本当に嬉しいことです。

食事の時はよく噛んで食べることが大切だということは誰でも知っていると思いますが、「噛む」ことにはいろいろな効用があるのです。噛むことで分泌される唾液は食物の消化吸収を助けるだけでなく、細菌やウイルスの働きを抑え、虫歯や歯周病を予防します。

よく噛むことで顎の骨や筋肉が発達し歯並びがきれいになります。

よく噛むと脳の血液循環がよくなり脳が活性化されます。

ゆっくりとよく噛むことで満腹中枢が刺激され食べ過ぎを抑えます。

一口三〇回を目標にしっかり噛む習慣をつけたいものです。

二　日本母親大会の助言者となって

第三六回日本母親大会が、一九九〇（平成2）年七月二八～二九日に千葉県で開かれました。「むしばまれる子どもの健康について」第一三分科会で、助言を依頼されました。以下、助言者として発言した内容です。

幼児期の問題（肥満・拒食・子どもの生活習慣病など）

今まで大人の病気といわれていた肥満・高血圧・高脂血症・糖尿病・胃潰瘍などに、子どもの罹患率が増えています。

肥満児については、一〇〇人のうち五～八人と、一〇年前に比べかなり増えているようです。そして幼児の四人に一人は生活習慣病予備軍ともいわれています。こうした現状を考える時、食生活の問題が大きく浮かび上がってきます。

食生活は、すべての人間が生きるための基本であり、毎日摂取する食物・食事のあり方は、人間形成に大きな影響があります。特に幼児期の食生活は、これからの成長のためにも大切なものです。肥満児は成人になっても肥満の傾向にあり、若くして高血圧や動脈硬化、心疾患ともつながります。また、糖尿病を発症させることにもなり、それがもとで壮年期でも失明してしまう例があり、とても悲しく思います。

また、食欲不振・偏食・小食など、食生活での問題行動が出やすいのも、幼児期です。

幼児を取り巻く食環境

外食産業・加工食品の発達により、街に行けば手軽に簡単に食事ができるようになり、家庭の食生活や子どもの健康に大きな影響が出ています。ファストフードでは、脂肪の多い鶏肉やハンバーグをはじめ、シェイク、フライドポテトなどエネルギーが高いものが多く、レストランでは生クリームをたくさん使ったケーキなどを多く見かけます。間食のスナック菓子からは、油や塩分を摂り過ぎてしまいます。それなのに、子どもが喜ぶからといって買い与える親たち。豊富に食物があっても、その活用を一歩誤れば、子どもを病気に追いやってしまうのです。

コレステロールの上昇は動物性脂肪の摂り過ぎと関連しており、肥満は過食と糖質・脂質の摂り過ぎが原因の一つです。

外食の機会が多いばかりでなく、家庭でも幼児の食事に加工食品・調理済食品がよく利用され、味付けも濃くなり、減塩意識の徹底を欠いているのが現状です。また、ハンバーグなど軟らかいものが多くなり、その結果、歯・あごの発達が悪くなって、噛む力が弱くなっています。野菜の味を好まず、子どもの好きな料理といえば、ハンバーグ、カレーライス、スパゲッティミートソースなどの答えが多く、魚料理を敬遠し肉料理を好む傾向にあります。

生活習慣病から幼児を守るために

まず、野菜の煮物・煮魚・海藻・乾物などの料理を食卓にのせることが大切です。日本の伝統の味（例えば炒り鶏・ごま和え）のよさを見直すことも大事です。幼児は視覚によっても嗜好が左右されるので、切り方、色の取り合わせなども工夫しましょう。現在では、加工食品をまったく使わない食生活は難しいと思いますが、加工食品は素材として使用し、工夫して家庭の味を作っていきましょう。食事はその家の文化です。幼児期からきちんと触れさせていきたいものです。

子どもの生活習慣病予防のためには、次のことが大切です。

①栄養バランスに心がける
②朝昼夕三食きちんと食べる
③ゆっくりよく噛む

④食卓を楽しく
⑤食卓には空腹で向かわせる
⑥一度に大量に食べるのはよくない
⑦偏食しない
⑧野菜（特に緑黄色野菜）や海藻を多く摂る
⑨砂糖・塩分・脂肪は控えめに
⑩魚介類（小魚も加えて）や大豆を多くする
⑪おやつは時間を決め内容にも注意して、なるべく手作りのものに
⑫体を動かす習慣をつける（家事手伝いなど）

などです。

拒食の問題

問題行動の背景には、家庭の中に問題があって心理的影響が関わっていることも多いため、無理に食べさせることはやめましょう。

拒食は、母親や家族の愛情を求めて親の注意を喚起していることもあるため、子どもに心を向けることも大切です。

どこに問題があるかを発見し、子どもが伸び伸びと暮らせるように、家族全員が生活を見直し、問題があれば、変えていく努力をしなくてはなりません。自分の子どもだけという考えでなく、多くの親と手を結び、励まし合い、助け合う姿勢を親が作っていけば、子どももおのずとそうなるものです。

食生活と同時に、親の心や行動は、子どもの健康に大きく関係しています。親は誰でも、子どもが心身共に健全に成長することを願いますが、それには大人たちの協力が大切なのです。

三　日本高齢者大会の助言者となって

第一八回日本高齢者大会が、二〇〇四（平成16）年九月一五〜一六日に千葉県で開催されました。その第一一分科会の助言者になり、食の安全と、日本の農業の中で食の安全を担当しました。発言した内容を紹介します。

生命を維持し健康を保持するために、私たちの活動源である「食」は、安定・安全・安心のものでなくてはなりません。食は、地域・環境・文化・伝統・経済を生み出し、家族・地域での人々の絆を強くし、生産者と消費者を結びつけるものであり、その栄養・衛生・安全によって私たちは守られています。

今、食の表示違反や詐欺事件などの新聞記事があとをたちません。ＢＳＥ（狂牛病）・鳥インフルエンザ・鯉の大量死や、輸入食品・遺伝子組み換え食品・添加物・残留農薬など、食に関する問題が山積みです。ＢＳＥに端を発し、食品の安全に対して食品安全基準法「二〇〇三（平成15）年法律第四八号」が交付され、食品衛生法も改正されて食品安全委員会が設置されました。しかし、最近も、輸入うなぎ蒲焼きの合成抗菌汚染や中国の農薬問題が報道されています。

毎日の食生活のためには次のことが大切です。

①食の安全に関する法体系の管理体制の充実
②地域現場での条例制定運動の促進
③食料自給率の向上と輸入検疫体制の拡充
④トレーサビリティーと生産者のモラルの確立
⑤農漁民の所得の向上と農漁業支援政策の推進
⑥生産者と消費者の連帯・産直運動
⑦ＷＴＯ[※1]・ＦＡＯ[※2]体制への対処
⑧食の意識の重視と食育運動の推進

⑨食習慣と食卓環境の改善
⑩購入にあたっては適正価格のものを無駄なく使う認識
⑪消費者の権利と学習・消費者運動等

※1　WTO ……World Trade Organization　世界貿易機関
※2　FAO ……Food and Agriculture Organization of United Nations　国連食糧農業機関

長寿者から学ぶ食と生活

九〇歳以上の高齢でありながら健康で生活している人をみると、次のような生活を心がけています。

①何歳になっても意欲を失わない
　明日への目標を持っている
②穏やかで謙虚
③くよくよしないで楽天的
④仕事や趣味などが生きがい

⑤他人と積極的に交際する
⑥世の中の役に立ちたい
こうした心が人間としての活力を生んでいるように思います。

数多くの生命を脅かす環境を乗り越え、明治・大正・昭和・平成と生きてこられた方々から学ぶことが多くあります。

これから誰もが健康で長寿を迎えていくには、まず平和であること、戦争のないこと、過労死などなく、安心して暮らせる社会（年金・医療でも）を築いていくことの大切さを肌で感じます。

「衣服一代、住居二代、食は三代」といわれるように、子孫にまで影響する食の重要性を認識し、「食の安全」について取り組みましょう。

四　「食」に生きた六五年

振り返れば、六五年にわたって、栄養に関するお話や料理講習会をしてきました。自宅のある地域から、自転車で回れる地域、さらに汽車や電車、自動車も使って、少しでも多くの地域の人々が「健康で元気に」暮らせることを目標に活動してきました。時には、それぞれの地域の保健所と協力し、婦人会や青年団、４Hクラブ、農村の青年団、老人会、保育園、幼稚園など、依頼のあるところへは積極的に出かけてきました。アレルギー「親の会」とは定期的な勉強会や料理講習会を行いました。その方たちとは、今でも交流があり、「食」とはこんなにも心を寄せ合うことができるものなのだと、改めて思っています。

私の栄養士活動の歩みを、羅列してみます。

○千葉県鴨川保健所の栄養士と協力し、栄養改善事業を実施しました。〈一九五〇（昭和25）年〉

○船橋市都疎浜地域（現南本町）が県の食生活改善の地域として指定され、保健所栄養士に協力するよう農林部農業改善課より指示を受け、保健所栄養士に協力しました。〈一九五三（昭和28）年〉

○船橋市宮本町地域の乳児健診を、保健所長・保健婦の参加により、本田宅にて実施しました。〈一九五五（昭和30）年三月〉

○千葉県農林部農業改良課を退職後、船橋市教育委員会に勤務するまで、地域の栄養改善啓蒙活動として調理講習会を自宅にて月一～二回開催し、栄養講話も行いました。〈一九五七（昭和32）年～一九六〇（昭和35）年〉

○船橋中央公民館・二和公民館・高根公民館ほか婦人学級の講師依頼を受け、実施。二和婦人学級は毎年一回開催し、二〇年余り続きました。

○学校ＰＴＡ家庭教育学級の講師として、海神《かいじん》小学校・八木が谷小学校及び鎌ヶ谷市の中学校などに出向きました。

○地域婦人会・老人クラブでの栄養改善に関する講師を、船橋市全域、特に高根公団・北習志野公団・南本町・船橋市市場町国鉄団地及び鎌ヶ谷市・八千代市・松戸市などで務めました。〈一九七四（昭和49）年～一九九四年（平成６）年〉

○健康づくり食生活展を、船橋保健所が中心となった四団体（栄養士会・集団給食協議会・食品衛生協会・調理師会）で公民館を借りて、実施しました。その実行委員として展示と栄養指導を担当してきましたが、保健所法の改定によりとりやめとなり、一九九五（平成７）年「ふなばしヘルシーフェア」に参加し、栄養士会のイベントや栄養相談の分野を担当してきました。船橋市調理師会主催の調理師教育の際、病態栄養の講義を担当しました。その後も調理師会に協力して健康教育や栄養表示や調理師受験準備講習会の講師を務めました。〈一九八四（昭和59）年二月～二〇〇五（平成17）年〉

○習志野保健所の栄養改善推進員大会で食生活改善（特に塩分について）の講演を行い

ました。その後、腎臓病食の調理員調理実習や、八千代市栄養改善推進員の方々への講話も行いました。〈一九八五（昭和60）年〜二〇〇五（平成17）年〉

○東葛地区自治体栄養士研修会で「食物アレルギーの食事療法の実際」について講演を行いました。このテーマでは、二〇〇五（平成17）年三月まで保健所の依頼により、保健所や教育委員会及び市の主催（夷隅・匝瑳・君津・市原・野田・松戸・習志野・柏・鎌ヶ谷・印西そのほか）で講師を務めました。また、旭中央病院・君津中央病院でも実施し、千葉市保健所の栄養士に食物アレルギーの調理実習も指導しました。〈一九九四（平成6）年〜二〇〇五（平成17）年〉

○全国自治体病院の栄養部門で働く人にも「食物アレルギーの実際」の講演を行いました。講演内容は、社団法人 全国自治体病院協議会が発行している『栄養管理の研究』に載っています。旭地域でのアレルギーシンポジウム（日本アレルギー協会主催）ではパネリストとして参加しました。また、船橋市の高根公民館主催の「食物アレルギー講座」を企画し、その講師となりました。〈一九八七（昭和62）年〜一九九一（平成3）年〉

○糖尿病の食事について鎌ヶ谷市栄養改善推進員の研修会で講演し、その後、船橋や佐原などの保健所でも講演を行いました。

○腎臓病食の実習を習志野市で、また腎臓病透析食の実習を鎌ヶ谷市で行い、八千代市では糖尿病の講演を食生活改善推進員や住民に向けて行いました。千葉大学附属病院の糖尿病患者会（いのはな会）の依頼により、総会で「糖尿病と向かい合って乗り切ろう」という講演も行いました。〈一九九二（平成4）年～一九九九（平成11）年〉

○千葉県船橋保健所のクローン病の取り組みに参加し、調理講習会を行いました。そのほか、千葉県栄養改善大会などで栄養指導を担当しました。

○千葉県船橋保健所管内（船橋市・鎌ヶ谷市）を中心として、腎不全食・高脂血症食・介護食などの講演や調理実技指導を実施しました。また、千葉県木更津保健所を中心とした市原木更津・館山地区栄養士会で、食物アレルギーについての講話をしました。

○岩手県岩手郡滝沢村「食と健康のつどい」で講演しました。〈一九九八（平成10）年一月二三日〉

○船橋二和病院健康友の会地域講座で講話。バランスのとれた食事、高脂血症の食事、食物アレルギーの食事などについて話しました。

○ホームヘルパー養成講座「家事援助」の講師や、船橋市宮本地区にて宮本介護支援センターの依頼で「高齢者向け食事」についての講演および調理実習指導を行いました。

○船橋市全婦人団体連絡会講演会で「家族の健康と食生活」パート1、パート2及び「バ

ランスのよい食生活」の講演をし、調理講習会を行いました。〈一九九三（平成5）年〜一九九四（平成6）年〉

○他団体への講演。健診の結果説明時の栄養講話（建設業関係者など）を担当しました。

第8章

夫、姑、
息子二人

一　家族三世代の中で

一九五三（昭和28）年八月一五日、本田哲巳《てつみ》と結婚し、安藤節子から本田節子になりました。哲巳二八歳、節子二五歳の時です。夫は新しい時代の女性としての私の職業に理解があり、お互いに協力し合って新しい家庭をつくることを考えていました。

夫が大学を出て働き始めて間もなく、夫の父親が癌で亡くなりました。長男であった夫は、弟や妹を無事に大学を卒業させるため、姑と一緒にがんばりました。結婚してからは、私を加えて五人の家族がどうしたらお互いに仲よくやっていけるのかを考えていました。

姑は雑誌『婦人之友』の「友の会」の地域リーダーで、食生活にも詳しい人でした。

結婚当初、朝の味噌汁作りの時、私が目分量で味噌を入れると、「手計りの方が正確では？親指大の味噌は一人分ですよ」と教えてくれ、これはとても印象に残った出来事でした。

一九二五（大正14）年生まれの夫は、長男として育ったため家事などやったことがなく、作れる料理は「おじや」だけでした。夫は、姑も私もいない時は、おじやを作って子ども達に食べさせてくれました。

このおじやですが、何度も作るうちに野菜、肉、小魚などを加えるようになり、だんだんと栄養バランスのよい、おいしいものができるようになりました。

義弟や義妹は結婚を機に家から離れたので、その後は姑、夫、息子二人、私の五人家族の時期が長く続きました。私は姑が孫をみてくれるものと一人合点していたのですが、姑には「今までできなかった手芸や書道、絵画をやりたい」という明確な目標があるのを知りました。私も大いに賛同して、主婦業に専念するために県庁を去りました。

ある同僚からは、普段私が主張する「女性が職業を持って社会に貢献する」という主旨に反するのではないかと言われました。しかし私は、家庭のことをやることも勉強だと思ったのです。

五年ほど経ち、子ども達も大きくなった頃、姑から「私が夕食を作るから仕事をし

家族と共に（1970 年頃。右から夫・長男・姑（静子）・次男・私）

ては」とすすめられ、私は喜んで学校給食の仕事を始めました。この時は仕事の遅れを取り戻すため、夜は東京都病人栄養研究会の学習会に参加するようになりました。これは、その後二〇年余りも続きました。当時私は三四歳で、年齢的にも、学び、仕事をするのによい時期でした。

子ども達も成長するにつれ簡単な食事作りはできるようになり、誰もいない寒い冬の日は、夕方になると火をおこし、お湯を沸かして待っていてくれました。家族全員が助け合い、よい経験をしたと思います。息子たちは、栄養士の息子という自負を持っていました。特に長男は「食」にはいつも気をつけていたようですが、四八歳の時、突然、肺線癌と診断されてしまいました。医師から余命一年と宣告された時は、まさに青天の霹靂《へきれき》でした。しかし、さすが栄養士の息子、免疫療法に加え、漢方を研究し、多種多様な食材で自分に合う食事療法を考案して、六年の延命を授かったことは、懸命に生きた天晴れな最期であったと褒めてやりたいと思います。

そして、この悲しみを乗り越えられたのも、長男の妻・孫を含めての家族の絆があったればこそだとしみじみ思うのです。現在次男の家族も近くに住み何かと力になってくれます。

夫のこと

私は千葉県農業改良課での生活改良普及員の仕事との関連で、農村問題の勉強会の折、よく船橋市宮本町にあった本田家を訪ねていました。本田家の次男がたまたま農業改良普及員だったので、この家を使わせてもらうことが多かったのです。初めて伺ってから半年くらい経ったある日、偶然、夫に会いました。その時は少し話をしただけですが、それから時々、本田家の家族、母、弟、妹も含めてみんなで楽しくおしゃべりをしました。夫はしっかりした人で、私の理想に近く、お付き合いが始まりました。私はその頃、自分の考えている理想の人がいなければ一生一人でいるつもりで仕事に打ち込んでいました。会って話すたびに、私の考えと一致するところが多く、ますます好感を抱くようになりました。女性が結婚しても働き続けるということに理解のある人でした。ある時、技術論の話になり、「技術とは多くの人に役立つものでなくてはならない」といわれ、私も自分の生活改善の仕事を技術として多くの人に役立つものにしようと思いました。

夫は、県立千葉中学校（現 県立千葉高等学校一七期生）から大学へ、電気を専門に勉強し、まだ学業が終わらないうちに戦争で学徒出陣。終戦後、再び学窓に戻り、卒業して就職しました。しかし、それからすぐ父親が亡くなったため、若き一家の大黒柱として、姑と二人で弟妹を大学へ通わせ、弟が就職したところでした。

仕事では都営地下鉄の信号の設計などをしており、信号についてはよく勉強していたのですが、そんな時に書店で見つけた技術論に関する本を読み、「技術とは」について深く考えるようになったそうです。

「そもそも技術の進歩・発展とは、一人ひとりが大切にされ幸せに暮らしていけるためのものでなくてはいけないのではないか。そのためには、どのように進歩・発展させていくべきなのかを技術者は考えなくてはいけないのではないか」。そういったことを語ってくれました。私は夫の話すことに心底共感し、お互い協力してやっていこうと思い、結婚を決意しました。

本田家には若い方から高齢者の方まで幅広い人が訪れ、皆で楽しく語り合うことがよくありました。そんな時のため私は魚市場へ買い出しに行き、家計を圧迫しないように、小魚（主に鯵《あじ》で当時は安かった）を買ってきて南蛮漬けをよく作ったものです。おいしいと喜ばれました。今でも年賀状に「伺った時の料理のおいしさを思い出します」と書いてくださる方がいて、嬉しいかぎりです。

また、常に男女平等の立場で、家庭でも私のよき協力者であり、私の仕事に対してもよき理解者でした。夫は、満六〇歳で退職し、これからという時、脳梗塞で満六二歳で急逝しました。とても寂しく悲しくどうしてよいかわからない気持ちでした。考えてみると私は常に夫に寄りかかっていたことを夫の死後つくづくと思いました。夫の死から五年くらいは、常に私の心は悲しみで一杯で何も手につかないような状態でしたが、仕事に打ち込むことで忘れられ、生き抜いてこられたようです。

結婚前一九五二（昭和27）年頃より、夫も私も仕事が忙しくなり、話し合う時間も少なかったので、お互いに理解を深めるために、その日の出来事や考え方をノートに書いて交換しました。これはとても大切な思い出になっています。

ノートの冒頭には、「このノートがお互いを励まし、勇気づけ、明日への確信と希望を持って進めるためのものになることを願っています」と書かれています。今も時々ノートを読み直しては、毎日の生活を考えています。

姑のこと

私は生活改良普及員として初めは安房六区を担当していたのですが、自宅が習志野市にあったため、市川市の普及事務所に転勤しました。船橋市と鎌ヶ谷市をはじめとして、東葛飾郡の四市町村、さらに普及事務所があった柏市にもよく行きました。交通機関も利用はできましたが、当時は今と違って便利なものではなかったので、自転車を使っていました。一九五一（昭和26）年から一九五三（昭和28）年頃のことです。

その当時、『婦人之友』という雑誌があり、この本は私が中学校の教師だった時に先輩の先生からよい本だと勧められたものでした。『婦人之友』が主催する「食の展示会」が市川市であると知って、早速行ってみました。当時としては立派な展示会で、家庭生活に役立つすばらしい内容のものでした。

その会場で私が質問した時に、たまたま答えてくださったのが、後に姑になった本田静子さんでした。落ち着いた感じの方で、親切に詳しく教えてくださいました。私に「職業は？」と尋ねられ、「県の職員で、生活改良普及員として農村の衣・食・住の指導をしています」と答えると、「自分の次男も農業改良普及員をやっていて、柏の普及所勤務です」といわれ、「家に遊びにいらしてください」と誘われました。その後また県の農業改良課の会議の時にお会いして、農村問題の勉強会を本田宅でやっているからと誘われました。そのうち夫と話すようになり、親しく付き合い、一年程たってから、本田家の長男である夫と結婚しました。

結婚後は、姑と嫁の立場になりました。姑は一生尊敬できる人で、家のことは随分教わりました。無言の中でも教わることが多くありました。しかしながら、嫁と姑となると当然、私の感情も複雑でした。「その通りだ」と思い尊敬していても、「今の私にはそこまではできない」と思うこともありました。人間の心の持ち方の難しさを感じました。結婚当初には、日常の家庭生活も一日をよく考え、洗濯物の取り込み、しまうためのたたみ方（おしめも含めて）など、手順を考えて家事をすることを教わりました。友達が来ておしゃべりする時も、もし相手に失礼にならなければ手は休めなくてもいいと教わりました。家庭にいた五年間は姑からとても多くのことを学び、それらはその後の生活に大いに役立っています。姑は家事全般ができる人で、料理はもちろんのこと、ぬか味噌、沢庵、梅干し、らっきょう、白菜などの漬物を、季節ごとに家で作りました。私に一つひとつ教えてくれました。大変だと思いながら教わっていましたが、そのうち一人でもできるようになりました。

姑は「本田さんのおばあちゃん」の愛称で地域の人たちからも慕われ、隣近所の方々に頼りにされ、きめ細かに世話役活動をしていました。

地元の小学校の教師と「梢会《こずえ》」という読者会を作り、毎月、『子どものしあわせ』という本を使って教育問題などを話し合っていました。さらにそこで、若い参加者などに得意の手芸を教えて喜ばれていました。孫たちの洋服はみんな姑の手作りでした。長男が生まれた時、姑は、それまで大切に持っていた『婦人之友』の中から、主に子育てに関する文が載っていた一〇巻（家庭教育篇 上）を、参考にするといいでしょうと私にくれました。

結婚を決めた時、結婚したら姑と同居するかそれとも二人だけで生活するか、夫はどちらでもかまわないと言ったのですが、姑から教えてもらえることがたくさんあるに違いないと思い私は同居を希望しました。そのことを後に夫から聞いた姑はとても喜んだそうです。だからこそ、できる限り何でも教えてあげようと思ったのでしょう。家事全般、初歩から細かく指導してくれました。何でもできる姑からすれば、時には私の未熟さをもどかしく感じることもあったでしょう。また私としても、できれば自分の考えでやってみたい、自分が納得する方法を試してみたい、そういう思いもありました。しかし、あくまでも同居を決めたのは私なのだからと、このような苦労は人には話さないようにしてきました。年を経た今では、すべてありがたい助言であったと感謝し、尊敬の念を深めています。

経過の良かった姑の肺がんも一一年目の七三歳で再発し、四カ月入院しましたが、多くの人に惜しまれながら黄泉《よみ》の国へと旅立ってしまいました。まだ教えてもらうことがたくさんあったのにと残念と淋しさにつつまれました。

二　預かってよかった知人の子ども

姑の死後、ある時、知人の教師から「小学五年生と中学一年生の男の子を預かってほしい」と相談されました。母親は亡くなっていて、父親も入院しているため、子ども達を施設に預けなくてはならないが、施設ではなく何とか預かってくれる家を探しているという話で、事情を聞いて家族で話し合った結果、わが家しか預かるところはないだろうということになりました。

夫はしつけや教育は自分が受け持つと言い、大学生になっている子ども達も弟たちができるということで賛成でした。私は病院給食の栄養士をやっていて忙しい毎日でしたが、食事作りや栄養面を考えるということで知人の子どもを預かりました。

二人は素直で頑張り屋でとてもよい子ども達でした。食事はいろいろ作りましたが、筑前煮やアジの南蛮漬け、カレーなどが大好きでした。夜の会議がある時は、急いで家に帰っておかずを作り、また病院に戻ったものです。夜、私が仕事でいない時も夫や子ども達は二人の子どもと仲良く勉強していました。家族が増えることは、大変でもありますが活気が出て家の中がとても明るくなることだと感じました。星の好きな子ども達は、夫とよく望遠鏡で夜空の観察をしていました。

二年間預かった子ども達は、その後は退院した父親と暮らせることになりました。今では、大学を卒業して会社に勤め、家庭を持って暮らしています。お盆や正月には、私が元気で暮らしているか訪ねてくれます。子どもが増えたようで預かってよかったと思っています。少しでも世の中の役に立つことは嬉しいことです。

私のこと

私が突然1型糖尿病[※1]と診断されたのは五八歳の時です。夫の葬儀を終え一週間経った頃、悲しみで暗い気持ちが続き風邪もなかなか治らず受診しました。その時、何となくいつもの風邪とは違う感じがしたので、全身の検査と血糖値測定も希望して測ってもらいました。検査結果は、血糖値は六〇〇余り、通常の六倍近くの高値で、医師・看護師も驚きましたが私はさらにびっくりしてしまいました。つい二カ月前に健康診断で「どこも異常ない〝優〟だ」と褒められたばかりでした。すぐ入院になり、検査をして1型糖尿病と診断され、すぐにインスリン注射が始まりました。今まで糖尿病について詳しく学んできたことが役に立ちました。血糖は安定し一カ月で退院し仕事に復帰しました。ちょうどその頃アメリカ研修旅行の話があり、インスリンを持って参加することにしました。その後も元気に西や東へ奔走しました。

それから二五年、元気に暮らしています。二〇一〇（平成22）年五月、社団法人 日本糖尿病協会から名誉会員としての表彰状をいただきました。また、表彰状の言葉に勇気と希望をいただきました。記念品はとても素敵なルーペです。現在は目も耳も支障はありませんが、これからの準備の品と感謝しています。仕事をやり通し、病気とも仲良く付き合いながら元気に暮らせたことは、家族一人ひとりの協力や励ましがあったからと思っています。改めて、家族に感謝したい気持ちです。栄養士活動を支えてくださった役員の皆様、会員の皆様、多くの友人の皆様に心から感謝いたします。

※1　1型糖尿病……膵島β細胞が自己免疫などによって消失し、インスリン分泌がなくなることで発症する糖尿病。一般に言われる糖尿病は2型で、生活習慣に起因しているが、1型は生活習慣に無関係と言われている。

励ましの詩を胸に―あとがきにかえて―

（本田哲巳と私の結婚式に、姑の友人である詩人佐藤さち子様が贈って下さった祝詩です）

祝詩

百千の花の中から
香り高い一つの花をえらび出す
蜜蜂のように

百千の囀《さえず》りの中から
心に通う歌声を探し当てる
小鳥のように

万人の中から

万人のよろこびと
万人の悲哀《かなしみ》を感じ合う心魂《こころ》をもって
ひとりの息子と
ひとりの娘が
今日
結び合う

この歓喜の宴に集う
肉親や友人の祝福に包まれ
結び合う
佳《よ》き息子
佳き娘

この日から漕ぎ出す海に
風の狂う朝
波立つ夜があろうとも

時として　暗い霧が
二人の間を距《へだ》て
また時に　人知れぬ涙が
若妻の頬を濡らす時があろうとも

思い出すがいい　はじめの機会《とき》に
たがいを惹き合ったそれを
たがいを包み合ったそれを

百千の花の中から
百千の歌声の中から
えらび合った二人
万人の中の若い二人に
夏の太陽《ひ》よ
光を吝《おし》むな！

一九五三年八月一五日

二〇〇九（平成21）年一二月四日、大麦の共同研究でお世話になった池上幸江先生を、大妻女子大学に訪問しました。その時、この大学と通りを挟んで家政学院大学があるのを知って、非常に驚きました。というのも、この二つの大学は母が今から八五年ほど前に学んでいたところだったからです。

大正末期、母は大妻技芸学校で和裁・洋裁を習った後、家政学を学びたくて家政学院に入学しました。二つの建物を見て急に母のことが懐かしく思い起こされました。進取の気性に富み、常に学ぶことに意欲的であった母の若かりし頃を思い起こしました。

最近、日本栄養士会雑誌『栄養日本』の「今月のことば」を感銘深く読んでいます。会長をはじめそれぞれの執筆者が真剣に語っていらっしゃいます。その内容は単に管理栄養士・栄養士だけでなく、すべての専門職の人に当てはまる言葉で、さらにいえば、私たち一人ひとりが自分の人生を真剣に考えることを提言しているようにも思えるのです。読みながら私は、これからの管理栄養士・栄養士の一人ひとりが情熱と使命感を持って、新たな時代に求められる役割を果たしてくださることを期待し、エールを送りたい気持ちになりました。

この本を書くにあたって、私の書庫にある本や資料をはじめ、最近出版された本などいろいろな本を読みました。また、佐倉市にある国立歴史民族博物館にも行きました。初めて知ることがたくさんありましたし、驚かされることもしばしばありました。栄養士活動については奥が深く、まだ書き記すべきことはたくさんあるとは思いますが、私なりにようやく一冊にまとめることができました。何事においても学び続けることの大切さと楽しさを改めて実感しました。この本が単に栄養士の歩みにとどまらずこの本を通じて「食」の大切さをすべての人にご理解いただけたら幸いです。

船橋市栄養士会の杉山れい子氏から、「栄養士として今まで生きてきた歴史を一冊の本にまとめてみたらどうですか」と提案されたのは十数年前のことです。忙しくて、何もしないまま月日が流れてしまいました。

今回、日本栄養士会から五〇年会員として表彰されたのをきっかけに、まとめることができました。まとめるにあたり、ご助言・ご指導いただきました民医連栄養世話人会ＯＢの川口貞勝氏、喜多井恭子氏をはじめ、ご協力をいただきました友人の方々に心から御礼を申し上げます。

本書の出版にあたり、ご尽力いただきましたキクノウ印刷所の山本ミチヨ代表・本の泉社の比留川洋社長・寺田朋子氏に感謝を申し上げます。

二〇一一年　新緑の候　本田節子(満八三歳)

参考文献　資料

● 中村丁次 著『日本栄養士会 社団法人設立五十周年 記念誌』第一出版、平成二一年一一月。

● 和田和子 著『千葉県栄養士会創立六〇周年・法人設立三〇周年 記念誌』平成一七年一一月。

● 川島磯 著『千葉県栄養士会病院栄養士協議会創立五〇年 記念誌』平成一一年七月。

● 川村亮 著『食糧学院五十年史』食糧学院、平成元年九月。

● 高木和夫 著『食から見た日本史 完本 上・下・現代編』芽ばえ社、一九九七年二月。

● 厚生労働省 策定第一出版編集部 編『日本人の食事摂取基準（二〇〇五年版）』第一出版、二〇〇五年五月。

● 栄養調理関係法令研究会 編『栄養調理六法 二二年版』新日本法規出版、二〇〇九年一〇月。

● 平尾紘一　平尾節子 著『糖尿病克服の近道　患者の心がまえと治療のポイント』桐書房、二〇〇二年四月。

● 金子美恵　瀬戸奈津子 監修『糖尿病の患者さんによく聞かれる質問100』日本看護協会出版会、二〇〇四年五月。

●石川秀次 著『食事療法・栄養教育用食品成分表』第一出版、平成二一年三月。
●香川芳子 監修『食品成分表（二〇〇九年）』女子栄養大学出版部、平成二一年九月。
●『プラクティス 実践できる栄養指導をめざして 一九九一年八巻五号』医歯薬出版。
●高木和夫 著『食と栄養学の社会史』 科学資料研究センター、一九七八年。
●山本公弘 著『いままで知らなかった本当の食育 食育基本法のねらいと実践のすすめ方』東山書房、二〇〇七年。
●鷹觜《たかのはし》テル 著『健康長寿の食生活——足で求めた人間栄養学三五年』食べもの通信社、一九九六年。
●美濃眞 編輯『若き長寿国を作る若さの栄養学 *No.141 142 143*』若さの栄養学協会、平成二一・二二年。
●高田和明 著『病気にならない食べ方』中経出版、二〇〇七年七月。
●溝口徹 著『「脳の栄養不足」が老化を早める！』青春出版社、二〇〇九年二月。
●江原絢子 石川尚子 東四柳《ひがしよつやなぎ》祥子 著『日本食物史』吉川弘文館、平成二一年七月。
●川村広成 著『歯界展望 糖尿病と歯周病 医科歯科連携の実際 二〇〇九年三月一一三巻三号』医歯薬出版。
●山口英昌 監修『食の安全事典』旬報社、二〇〇九年一〇月。
●家庭栄養研究会 編『お口からはじまる健康生活 よく噛んで食べるといいことといっぱい』食べもの通信社、二〇〇八年八月。
●『私と船橋二和病院 健康友の会二〇周年記念文集』平成一五年一〇月。
●『いきいきライフ クローン病・潰瘍性大腸炎に負けない暮らしの手引き』札幌厚生病院 編 1一九九二年九月2

一九九五年一〇月　3　一九九九年五月。
●Leo P.Krall　和田 正久　馬場 茂明　繁田 幸男 編『ジョスリンクリニックとの対話糖尿病をめぐって』医学書院、一九九七年五月。
●河野 泉　本田 節子 監修『お母さんが作ったアレルギーっ子のレシピ　毎日の食事・お弁当・おやつとパン』NHK出版、一九九六年二月。
●家庭栄養研究会 編『アレルギーと食・環境　あなたにもできるアトピー対策』食べもの通信社、二〇〇一年二月。
●角田 和彦 著『アレルギーっ子の生活百科　第二版』近代出版、二〇〇一年一二月。
●向山 徳子　西間《にしま》 三馨《さんけい》 監修『食物アレルギー診療ガイドライン』協和企画、二〇〇五年一二月。
●向山 徳子　西間 三馨　森川 昭博 監修『食物アレルギーハンドブック』協和企画、二〇〇六年一二月。
●本田 節子 著『食物アレルギーの食事療法の実際　栄養管理の研究20』全国自治体病院協議会、平成六年四月。
●『月刊糖尿病ライフ さかえ二〇〇九年九月、二〇一〇年五・六・七・八・一一月』日本糖尿病協会。
●『食と平和　日本国憲法を活かしてこそ』食べもの通信社、二〇〇九年六月。
●『未来につながる食事　命を守る安全な食べ方』食べもの通信社、二〇〇六年七月。
●『こだま　たしかな歩みを明日へ』　千葉県農家生活改善連絡協議会、昭和六二年一月。
●『民医連資料　第二回栄養活動検討集会の報告』一九七八年一〇月。

●『南浜診療所三八年のあゆみ』昭和六二年二月。
●『婦人之友　ちょうどよく〝食べる〟　自給率から自給力へ　二〇一〇年四月号』　婦人之友社。
●羽仁もと子著『羽仁もと子著作集　第十巻　家庭教育篇（上）』婦人之友社、一九五〇年。
●船橋市役所職員労働組合『戦後船橋と市職労の五十年』一九九七年一月。
●福井新聞『福井が生んだ食育の祖Ⅰ　石塚左玄物語1〜25』平成一九年一〇月〜二〇年三月。
●橋本政憲訳　丸山博解題『食医石塚左玄の食べ物健康法・自然食養の原典『食物養生法』現代語訳（健康双書ワイド版）』農山漁村文化協会、二〇〇四年四月。
●持田網一郎著『世界が認めた和食の知恵　マイクロビオティック物語　石塚左玄』新潮社、二〇〇五年二月。
●氏家賢明著『食べもの通信　よく噛むことで食物アレルギーを抑制　二〇一〇年一〇月 *No,476* 』食べもの通信社。
●窪田金次郎監修　日本咀嚼学会編『誰も気づかなかった噛む効用　咀嚼のサイエンス』日本教分社、一九九七年八月。
●斉藤滋著『「噛む健康学」（冊子）』しっかり噛んで健康家族事務局。

（注）各書記載の発行年月に基づいたために西暦と和暦が混在しました。

著者紹介

本田《ほんだ》 節子《せつこ》 *Setsuko Honda*

一九二八年　神奈川県藤沢市生まれ
一九四五年　食糧学校（現 学校法人 食糧学院東京栄養食糧専門学校）卒業
　　　　　　陸軍糧秣本廠教育隊陸軍栄養手候補生
　　　　　　陸軍栄養手（軍属）として大分少年飛行兵学校へ配属
一九四七年　栄養士免許 第74号 千葉県知事
　　　　　　千葉県印旛郡久住村立久住中学校助教諭
一九四八年　生活改良普及員（国家資格昭和23年合格　千葉県第三号）
一九四九年　千葉県農林部農業改良課生活改良係
一九六一年　千葉県船橋市教育委員会保健体育課 学校給食栄養士
一九六四年　船橋市 南浜病院栄養主任
一九八一年　船橋市 船橋二和病院 栄養科長
一九八五年　管理栄養士登録 第 26080 号
一九九一年　船橋二和病院定年退職
一九九二～二〇〇五年　栄養・食事相談・講演・調理講習の活動を継続
現在 社団法人千葉県栄養士会病院栄養士協議会顧問、船橋市栄養士会名誉会員・顧問
公益財団法人日本アレルギー協会会員

主な受賞

一九八四年　千葉県栄養改善学会 栄養改善奨励賞 受賞
一九八五年　日本栄養士会長表彰（第27回総会において長年にわたる国民の栄養改善の功績）
一九八六年　千葉県知事賞受賞（栄養指導業務）
一九八七年　厚生大臣賞受賞（栄養指導業務）
二〇〇〇年　船橋市長表彰（市政施行70周年、発展に尽力）
二〇〇二年　千葉県栄養改善学会 栄養改善奨励賞 受賞
二〇〇九年　日本栄養士会長表彰（法人設立50周年記念　特別表彰）

この間、日本栄養改善学会、日本糖尿病学会、日本アレルギー学会、日本小児アレルギー学会をはじめ、多くの学会、研究活動に参加。主な役職としては千葉県栄養士会病院栄養士協議会常任幹事、船橋市栄養士会会長、千葉県船橋保健所保健事業連絡協議会委員、船橋市母子保健推進協議会委員、鎌ヶ谷市健康づくり推進協議会委員、日本栄養士会病院栄養士協議会全国理事、全日本民医連栄養世話人など歴任

主な著作

「一品料理献立集」（共著 1991年医歯薬出版）
「お母さんが作ったアレルギーっ子のレシピ」毎日の食事・お弁当・おやつとパン（監修 1996年 NHK出版）
「食物アレルギー食事療法の実際」（講演録、1994年 全国自治体病院協議会）
「アレルギーと食・環境」（共著、2001年 食べもの通信社）などのほか諸紙誌への執筆多数

食《しょく》に生《い》きる

栄養士活動《えいようしかつどう》65年《ねん》の軌跡《きせき》

2011年5月1日　初版第1刷
著　者　本田 節子（ほんだ せつこ）
発行者　比留川 洋
発行所　株式会社 本の泉社
〒113-0033　東京都文京区本郷2-25-6
TEL 03-5800-8494　FAX 03-5800-5353
http://www.honnoizumi.co.jp
印　刷　音羽印刷株式会社
製　本　株式会社　難波製本

ISBN 978-4-7807-0624-6